国家自然科学基金(面上)项目(项目编号:51875270),
镇江市重点研发计划项目(项目编号:GY2017004)资助出版

船体外板氢氧焰线加热智能成形关键技术研究

齐亮 著

天津大学出版社
TIANJIN UNIVERSITY PRESS

图书在版编目（CIP）数据

船体外板氢氧焰线加热智能成形关键技术研究 / 齐亮著. -- 天津 : 天津大学出版社, 2022.12
ISBN 978-7-5618-7384-7

Ⅰ. ①船… Ⅱ. ①齐… Ⅲ. ①外板(船舶)一曲面一热成型一研究 Ⅳ. ①U663.1

中国版本图书馆CIP数据核字(2022)第256825号

出版发行	天津大学出版社
地　　址	天津市卫津路92号天津大学内（邮编：300072）
电　　话	发行部：022-27403647
网　　址	www.tjupress.com.cn
印　　刷	北京虎彩文化传播有限公司
经　　销	全国各地新华书店
开　　本	787mm×1092mm　1/16
印　　张	6.5
字　　数	162千
版　　次	2022年12月第1版
印　　次	2022年12月第1次
定　　价	48.00元

目　　录

第 1 章　项目研究的背景和意义

随着我国造船业的不断发展，现如今中国已是世界造船大国。近几年，中国的每年造船订单量不断增长，年订单量已经过千，每年完工的船舶总下水量超过 3 000 万载重吨。但是，与日韩等老牌造船业强国相比，我国仅是造船业大国而非强国，国内的大部分船舶制造企业（简称船企）仍属于劳动密集型而非技术密集型企业。在我国，船舶建造过程中的相当一部分工序依旧依托于大量人工劳动，如船体外板曲面成形、船体构件焊接等，工艺水平相对落后，尚未实现完全自动化。在这样的造船方式下，必然导致能源消耗大、材料浪费和污染严重等问题。2016 年，国务院发布的《中国制造 2025》发展战略明确提出了发展智能制造、绿色制造的迫切需求，并将海洋工程装备研发和高技术船舶建造这两个领域作为未来十年的发展重点。为此，要求我国造船业通过提高造船工艺的自动化、智能化水平，提高生产资源的使用效率，减少生产过程中的浪费，降低或消除对环境造成的污染，实现船企的现代化升级，向“工业 4.0”迈进。

船体外板是船体的主要结构，其强度直接影响船体强度。作为船体外壳，船体外板直接承受外部的水压和波浪冲击，保证船舶的运载和漂浮能力。因此，在船舶建造的整个流程中，船体外板的成形加工是极为重要的一个环节。船体外板的成形加工一般要经过设计、钢板切割、机械辊弯、热加工弯曲变形、组装焊接和喷涂等多道工序流程，其所需时长在整个船舶建造耗时中占 20% 至 30%。船体外板的加工质量和加工耗时对整船的质量和工期有极大的影响。在船体外板的成形加工中，曲面成形工序是最为复杂也是最为重要的一个环节。由于船体表面由复杂且不可展开的三维曲面组成，在实际加工中，基本不存在相同的船板。也正因如此，曲面成形工序至今仍依赖于人工控制，加工参数依靠熟练工人凭经验给出，自动化程度较低。因此，实现船体外板曲面成形的自动化、智能化，已成为船企转型升级过程中所要解决的关键问题。

本书针对船企对船体外板曲面成形自动化、智能化的迫切需求，研究了基于新清洁能源（氢气）加热的船体外板曲面成形机理，建立了氢氧焰热源模型和船体外板加工变形的有限元模型，并采用神经网络智能算法，为工艺参数提供量化依据，设计了船体外板曲面成形智能决策支持系统，实现了加工方案的智能化、自动化生成。采用上述方法，摆脱了以往依赖于人工提供参数的窘境，实现了船体外板曲面成形加工参数的自动生成，促进船体外板曲面成形加工工艺的数字化和自动化，保障了造船周期和造船质量，同时降低了成本，提升了船企效益，有助于实现船企的转型升级。

1.1 船体外板曲面成形加工工艺发展现状

船体外板线加热曲面成形（以下简称船体外板曲面成形）工艺自20世纪五六十年代诞生以来，一直是船体外板曲面加工的主流加工工艺。目前，对于船体外板加工工艺的研究主要基于两方面：一是对于船体外板曲面成形机理和规律的研究；二是在船体外板变形机理研究的基础上，研究船体外板加工变形量的预测技术，研制船体外板曲面成形自动化加工系统。

1.1.1 船体外板成形规律和机理研究现状

船体外板曲面成形，是一种依靠局部加热和冷却使材料产生永久塑性变形的成形加工技术。该技术利用氧－乙炔焰或其他热源对钢板表面进行加热，钢板受热膨胀，然后又利用冷却水对其进行快速冷却，使钢板产生较大的热应力而弯曲变形。从本质上讲，当钢板受热膨胀产生的热应力超过钢板的屈服应力时，钢板从弹性形变变成塑性形变并最终在残余应力的作用下产生不可逆的变形。这个过程可以归纳为一个三维瞬态热－弹塑性力学问题。所以，研究船体外板曲面成形机理，必须建立船体外板曲面成形过程的数学模型，即船体外板曲面成形的温度场和变形场数学模型。

针对船体外板曲面成形规律和机理的研究，其研究目的主要是探究船体外板曲面成形加工工艺参数和船体外板最终变形之间的关系，并依据此关系建立相应的数学模型。同时，机理研究也可为之后的参数预报奠定基础。不同热源类型对钢板的影响有极大差异，用于船体外板曲面成形加工的热源主要有三类：气体火焰热源、高频感应热源和激光热源。

1. 气体火焰热源

气体火焰加热法一般利用氧－乙炔焰或氧－丙烯焰作为船体外板曲面成形加工的热源，冷却方法为水冷却或者空气冷却。目前，用气体火焰热源加热的方法是各国船企广泛使用的复杂曲面船体外板的曲面成形方法，其有操作方法简单、成本相对低廉和适用范围广等优点。针对使用这种热源的船体外板曲面成形（热成形）的研究思路一般是通过实验采集大量数据，研究船体外板曲面成形参数与船体外板最终变形量之间的关系，建立起对应的数学模型，并最终依据此模型对船体外板的加工变形量进行预报。

日本大阪大学的Vega（溪谷）等研究了多条加热线重叠对船体外板固有变形的影响，对多条加热线下的船板热成形进行热塑性分析和有限元建模，确立了多重叠加加热线对船体外板变形影响的数学模型。结果表明，通过使用叠加加热线的方法对厚板进行加工，可提高厚板的单次成形程度。

韩国三星重工的 Park（朴俊熙）采用基于有限元分析（Finite Element Analysis，FEA）的热弹塑性分析方法对残余变形进行了研究，并通过若干实验对 FEA 结果加以验证；通过对线加热的量纲分析，提出了线加热的输入参数，提取出线路供热的主要输入参数；采用多元分析和多元回归的方法，确立了加热条件与船体外板残余变形之间的关系。

大连理工大学的汪骥对于船体外板的整体变形进行了研究，综合考虑了船体外板加工完成后的整体变形和加工过程中产生的局部变形，改进了船体外板曲面成形数值模型的约束条件，建立了更加贴近实际的热弹塑性船体外板曲面成形热加工数值模型，并通过一系列实验，证实了该数值模型的可靠性。

2. 高频感应热源

高频感应加热是利用电磁感应原理在高频磁场的作用下使导电材料的内部产生电涡流，依靠这些电涡流的能量损耗和导体材料自身磁滞损耗达到加热目的。为了替代会大量产生二氧化碳气体的火焰热源，高频感应加热作为一种清洁加热方式被提出。早期，相关领域的研究者研究了高频感应加热在船体外板加工领域的可行性；近年来研究者开始研究热－电磁－结构的耦合模型，并进行了相应的数值计算，还研究了高频感应加工过程中加工参数与船板变形的关系。目前来看，高频感应加热仍处于实验室研究阶段，难以实际应用。

Park（朴俊熙）开发了一个自动化高频感应线加热系统，通过开发加热工艺信息计算软件并将线加热和收边加热工艺的数据写入数据库，配套其他附属设备，形成自动化加热系统。

上海交通大学的罗宇建立了船体外板曲面高频感应热成形工艺的圆形高斯热源模型。通过在不同加热速度下进行仿真实验，他对比了温度的仿真模拟计算值和实际实验测量值，证明了模型的可靠性。在此模型的基础上，他研究了船体外板厚度和高频感应热源的扫描速度对船体外板曲面成形的影响。

Fujit（藤田）将电磁感应加热作为热源，研究不同板厚情况下电磁感应加热的涡流场分布，应用积分方程的方法解决电磁感应的加热问题，最后将 FEA 结果同实验条件下的变形场结果进行了比较。

高频感应加热直接使用电能作为能量，具有清洁、无污染、易于控制、热量输出稳定等优势。相较于火焰加热，高频感应加热的数值模拟增加了电磁场的耦合计算，这产生了计算难度大的问题。因此，对大尺寸船体外板的数值模拟计算速度很慢，甚至难以完成。对于高频感应加热而言，其数值模型有待进一步优化改进。

3. 激光热源

激光成形是指利用激光热源在板件局部产生非均匀的热应力，使板件产生局部的塑性变形。设定不同的加工参数可使板件发生所需的变形。激光成形技术的热源集中、热流密度高、效率高，对于薄板的加工有很好的效果，但是对于厚板的加工效果不佳，且成本高昂，难以推广。

Y. Namba（南博）以激光束为热源对 S45C 低碳钢（45# 钢）做了硬化处理，研究材料的温度分布和热变形，实现了以激光束为热源的弯曲变形简单实验。

随后德国和波兰等国的研究机构对以激光为热源的热成形机理进行了深入研究，其基于激光热成形实验获得的数据，研究了加工参数和几何参数对激光热成形后材料的微观组织、材料性能的影响。

国内很多高校的研究者用激光束作为热源进行实验，他们在热成形技术方面的研究已经取得了突破性的进展。

以上三种热源均存在局限性。激光热源受到成本的制约；以氧－乙炔或氧－丙烯焰为代表的气体热源，燃烧时会产生大量的二氧化碳，造成大量碳排放；高频感应热源作为清洁热源进入研究者的视线，但其目前尚在研究的起步阶段，前景未明。

1.1.2 船体外板曲面成形自动化加工工艺发展现状

1. 船体外板曲面成形决策系统研究现状

船体外板曲面成形决策系统一直是船体外板曲面成形领域的研究核心。接下来对目前船体外板曲面成形决策系统的主要研究成果进行介绍。

Biswas（比斯瓦斯）等将大量实验数据进行线性拟合分析，通过验证有限元模型以寻找输入参数之间的共同关系，分析多元回归分析中的残余形变，最后研发了可预测船体外板残余形变的决策系统。

Vega（溪谷）等基于船体外板加工次数相互间的影响关系及其与加工参数之间的关系，建立船体外板曲面形变数学模型，并以此为核心确定船体外板曲面成形热加工参数决策系统，实现相应加工参数的推理。

周乔皇通过确定船体外板成形状态的描述参数与焰道布置类型之间的关系，并使用机器学习技术对两者关系进行分析，基于 C++ 和 MySQL 开发出一个具有自学习能力的船体外板曲面成形工艺参数决策系统。

上述决策系统对船体外板曲面成形领域的数字化和智能化有一定的探索意义，但是无论是基于传统的辨识建模还是基于非机理的智能建模都偏重“输入—输出”型的工作方式，缺乏对推理方案的执行效果进行反馈学习的步骤，无法明确推理结果的质量，导致决策系统的自学习能力较差。随着船体外板曲面成形要求的提高和新船体外板材料的不断涌现，这些决策系统可能无法满足船体外板成形的精度控制要求。

2. 船体外板曲面成形加工方案推理机制的研究现状

目前，船体外板曲面成形加工方案推理机制主要可分为以下几类。

（1）基于数理模型的推理机制

鲁鹏根据船体外板曲面成形加工的过程特点，使用数值模拟的方法对船体外板曲面成形过程中的温度场和应力应变场进行计算，分析了加热网格大小与划分方式对焰道加热成形的影响，基于数值模拟的结果研究了焰道边界条件对船体外板残余应力的影响。其研究为焰道加工参数推理打下基础。

薛洪峰通过有限元分析软件 ANSYS 对扭曲型船体外板曲面成形过程进行了数学建模，通过模拟实验建立了一个间接耦合的“热 - 结构”非线性三维瞬态模型，并基于此模型对扭曲型船体外板曲面成形的工艺参数进行设置。

（2）基于神经网络的推理机制

杨磊采用鱼骨图罗列并确定船体外板曲面成形的主要影响因素，利用基于基因表达式编程（GEP）的神经网络建立船体外板曲面成形主要影响参数与变形参数之间的显示数学表达式关系，最后通过仿真，验证了方法的有效性和可行性。

李政君基于大量的测试数据，采用 BP 神经网络和多元线性回归方法建立了用于预测中厚船体外板在不同感应加热工艺参数和不同板厚的情况下的角收缩变形的预测模型，实现了对中厚船体外板角收缩变形量、板厚、加热时间和加热功率的预测。

Grela（格雷拉）等采用三层网络结构，其中隐层使用激活函数 log-sigmoid，输出层使用纯线性传递函数，推理确定焰道最佳位置、焰道顺序和加热速度等加工参数。

（3）基于规则的推理机制

何恰通过焰道决策算法规则化，根据输入的目标板三维数据与初始板三维数据，按规则生成焰道布置数据，提高了决策系统的智能化程度。

陈文雄等将船体外板曲面成形加工参数预报算法转化为决策系统知识库的加工参数规则，以自学习算法作为决策系统的推理方式，在规则不完备情况下进行自学习，以完善决策系统的推理功能。

汪骥等通过有限元模型对电磁场辅助装置的二维“电路 - 磁场”进行耦合分析，以对电磁力大小和分布有重要影响的储能电容电压、放电电路电阻和电感等参数为目标进行知识推理，优化电磁力辅助船体外板曲面成形工艺的电路参数设置。

周志玉基于船体外板加热后的形变结果，采用数据库管理技术建立形变规则，使用决策系统成形基于逆向规则推理推导的船体外板加工方案，实现船体外板曲面成形加工工艺过程中各参数的数字化管理。

陈诚针对帆形板和鞍形板的船体外板曲面成形过程,分别建立了横向收缩量与加热区域特征参数之间的函数关系,从而建立起船体外板曲面横向收缩量与加工参数之间的数学模型,并将此作为感应加热船体外板曲面成型工艺参数知识库的知识。

上述研究不仅说明了目前船体外板曲面成形加工方案推理机制的主要分类,还揭示了船体外板曲面成形加工方案推理机制的发展历程。早期的船体外板曲面成形决策系统的研究者倾向于采用以实际船体外板曲面成形过程为对象的实验方法来建立描述船体外板形变的数学模型,并期望基于此模型对船体外板曲面变形进行有效预测和控制。但是船体外板曲面系统有非线性、分布参数、时变性、时滞性等特点,对这种复杂过程获取其精确的数学模型是极为困难的。后来,基于知识的非机理建模(如神经网络和专家系统)成为船体外板曲面推理机制的研究趋势。可是上述推理机制均只考虑将船体外板的某些特征量作为输入量,而不是以船体外板整体信息为推理的出发点和关键点,使完整的加工数据变得碎片化,同时在成形预测中不能以宏观、整体的角度呈现船体外板的形变情况。

1.2 项目来源

1)国家自然科学基金面上项目“双机械臂操控模式下船体外板氢氧焰线加热成形机理及智能作业决策支持系统研究”,项目编号 51875270。

2)镇江市重点研发计划项目“船体外板氢氧焰加热智能成形装备关键技术研究”,项目编号 GY2017004。

第 2 章　机理模型的建立

本研究创新使用氢氧焰作为加工船体外板曲面成形的热源，并对其成形机理进行研究。对比传统的氧－乙炔焰，氢氧焰燃烧时不产生二氧化碳，虽然其热值为 12 MJ/m³，低于氧－乙炔焰的 48 MJ/m³，但其燃烧速度快和燃烧效率高，弥补了热值不足的缺点。氢氧焰的火焰温度可达 2 500 ℃，而船体外板热加工达到曲面变形的基本要求是表面温度为 450~850 ℃，因此使用氢氧焰作为加工热源足以满足船体外板曲面成形的需求。同时，使用氢氧焰时，仅需要对以往的船体外板加工设备进行改造并购入氢氧机，成本低廉。

氢氧焰不同于氧－乙炔焰，它具有火焰集中和加热效率高的特点，传统的高斯热源模型不能准确反映氢氧焰热源在钢板上的精确分布，特别是在缺少厚度方向尺寸分布的情况下。因此，如何改进常规的高斯热源模型并建立更加准确的机理模型，揭示氢氧焰的特点和更加准确地描述生产实际成为一系列关键问题。为了解决上述问题，本研究选择分段移动双椭球体热源模型代替传统的高斯热源模型。

2.1　分段移动双椭球体热源模型

双椭球体热源模型的输入热流密度分布在一定的体积内，该体积由两个 1/4 椭球组合而成。模型分成前后长度不同的两部分，是为了使计算所得温度场结果更加合理，对热流分布进行修正。热输入功率在前后两个 1/4 椭球内的分配由能量分配系数 f_{f} 和 f_{r} 决定。在随热源移动的局部坐标系 $O'x'y'z'$ 中，沿加热方向 y' 轴正向的前半部分椭球内部的热流密度分布为

$$q_{\mathrm{f}}(x',y',z')=\frac{6\sqrt{3}f_{\mathrm{f}}Q}{abc_1\pi\sqrt{\pi}}\exp(-3x'^2/a^2)\times\exp(-3z'^2/b^2)\times\exp(-3y'^2/c_1^2) \tag{2.1}$$

后半部分椭球内部的热流密度分布为

$$q_{\mathrm{r}}(x',y',z')=\frac{6\sqrt{3}f_{\mathrm{r}}Q}{abc_2\pi\sqrt{\pi}}\exp(-3x'^2/a^2)\times\exp(-3z'^2/b^2)\times\exp(-3y'^2/c_2^2) \tag{2.2}$$

式中：a,b,c_1,c_2 为热源形状参数（m）；Q 为热输入功率（W）；f_{f} 和 f_{r} 为前、后部分的能量分配

参数，$f_f + f_r = 1$。

在一般计算时，为简化处理，可以忽略热源前、后部分热流密度分布的差异，取 $c_2 = c_1 = a$，将热源看作关于 z' 轴对称的旋转半椭球体。则热流分布 $q(x', y', z')$ 可由下式统一描述：

$$q(x', y', z') = q(0,0,0)\exp(-3x'^2 / a^2)\exp(-3z'^2 / b^2)\exp(-3y'^2 / a^2) \quad (2.3)$$

式中：$q(0,0,0)$ 为最大热流密度值，出现在热源中心（0,0,0）处，表达式为

$$q(0,0,0) = \frac{6\sqrt{3}Q}{a^2 b\pi\sqrt{\pi}} \quad (2.4)$$

在整体坐标系 $Oxyz$ 中，考虑到热源模型的移动，经过坐标变换，式（2.3）可变换为

$$q(x, y, z, t) = q(0,0,0)\exp(-3x^2 / a^2)\exp(-3z^2 / b^2)\exp(-3[y + v(\tau - t)]^2 / a^2) \quad (2.5)$$

式中：x, y, z 为整体坐标系中的坐标值（m）；t 为加热时间（s）；τ 为时间延迟因子（s）（坐标变换过程中引入）；v 为热源移动速度（m/s）。

式（2.5）反映了随着时间参数 t 的变化，空间内各点处的热流输入也不断发生变化，体现出了热源移动的特点。

对于一定长度的加热线来说，如果热源的移动速度足够快，那么在这条加热线上所施加的移动热源就可以近似看作段状热源。该热源在垂直于长度方向上和沿深度方向上的热流分布均呈高斯分布，与原双椭球体热源模型相似，而沿长度方向上的热流密度为均匀分布，如图 2-1 所示。这样，对于较长的加热线来说，可将其划分成若干段，将此等效段状热源依次施加于各段上，使其按顺序依次加热各段。这样在垂直于移动方向上和沿深度方向上的热流分布仍保持了原热源模型的集中特点，同时顺序加热又能体现出热源的移动特点。对于一段的加热，可将其划分为很少的时间步，每步采用较大的步长进行计算，大大减少了计算量。由于段状热源在沿加热方向上的热流密度为均匀分布，所以沿加热方向上的网格尺寸可划分得较大，从而可进一步减少计算量，缩短计算时间。

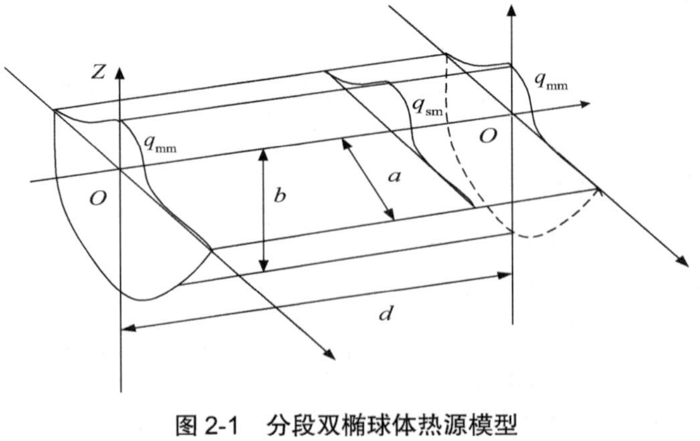

图 2-1　分段双椭球体热源模型

如图 2-1 所示，设热源热输入功率为 Q_m，移动速度为 v_m，沿直线移动加热一段长度为 d 的区域，用时为 t_m，用一系列段状热源模型模拟此移动热源。热源内部空间各处热流密度 $q_s(x,y,z)$ 的表达式为

$$q_s(x,y,z)=q_{sm}\exp(-3x^2/a^2)\exp(-3z^2/b^2) \tag{2.6}$$

式中：q_{sm} 为段状热源的热流密度最大值，位于热源中心线 y 轴上，应等于移动热源的最大值 $q_{mm}(0,0,0)$，即有：

$$q_{sm}=\frac{6\sqrt{3}Q_m}{a^2 b\pi\sqrt{\pi}} \tag{2.7}$$

此段状热源的热输入功率 Q_s 可由积分求出：

$$Q_s=\int_0^d\int_0^{-\infty}\int_{-\infty}^{\infty}q_{sm}\exp(-3x^2/a^2)\times\exp(-3z^2/b^2)\mathrm{d}x\mathrm{d}z\mathrm{d}y=\frac{1}{6}q_{sm}\pi abd \tag{2.8}$$

此段状热源加热所输入的热量应与移动热源输入热量相同，即

$$Q_s t_s=Q_m t_m \tag{2.9}$$

式中：t_s 为分段热源的加热时间（s）；t_m 为移动热源的加热时间（s），表达式为

$$t_m=\frac{d}{v_m} \tag{2.10}$$

由式（2.7）至式（2.10）可得加热时间 t_s 为

$$t_s=\frac{a}{v_m}\sqrt{\frac{\pi}{3}} \tag{2.11}$$

由式（2.11）可以看出，分段热源加热时间与加热长度 d 无关，与速度 v_m 成反比。式（2.6）、式（2.7）和式（2.11）分别给出了段状双椭球体热源模型的空间热流密度分布和加热时间的计算公式，完全定义了段状双椭球体热源模型。对于较长的加热线，可将其划分为各自具有一定长度的数段，将段状热源依次施加到各段上进行加热，则热源的移动特点也可得以体现。这样便得到了分段移动双椭球体热源模型。

2.2　温度场数学模型

在船体外板曲面的变形理论分析中，通常都是假设最终船体外板的变形是温度场和变形场顺序耦合的结果。但在实际加工过程中，大部分钢板的厚度和曲率都不是很大，所以下面主要针对钢板的温度场进行分析。

假设钢板的尺寸为 $L\times W\times H$（长×宽×厚），在柱坐标系中 W 表示宽度方向的弧长。

在 t=0 时刻，热源从钢板的边缘以速度 v_f 匀速向前移动，则 t 时刻的温度场就表示为 $T(x,y,z,t)$，T 满足：

$$\frac{\partial}{\partial x}(k\frac{\partial T}{\partial x})+\frac{\partial}{\partial y}(k\frac{\partial T}{\partial y})+\frac{\partial}{\partial z}(k\frac{\partial T}{\partial z})=\rho c_{\mathrm{p}}\frac{\partial T}{\partial t} \tag{2.12}$$

式中：c_{p}、ρ分别表示定压比热和材料密度。

假设c_{p}和ρ不随温度的变化而变化，则式（2.12）可以变换为

$$\frac{1}{a}\frac{\partial T}{\partial t}=\frac{\partial^2 T}{\partial x^2}+\frac{\partial^2 T}{\partial y^2}+\frac{\partial^2 T}{\partial z^2} \tag{2.13}$$

式中：a表示材料的热扩散率，$a=\lambda/\rho c_{\mathrm{p}}$，其中$\lambda$为热传导系数。

假设有足够长的加热时间，钢板是无限大的，则将坐标轴固定于热源中心的相对坐标系中，就可以将温度场作为稳态对象来处理，令$x'=x, y'=y-v_{\mathrm{f}}t, z'=z$，则式（2.12）可简化为

$$\frac{\partial^2 T}{\partial x'^2}+\frac{\partial^2 T}{\partial y'^2}+\frac{\partial^2 T}{\partial z'^2}+\frac{v_{\mathrm{f}}}{a}\frac{\partial T}{\partial y'}=0 \tag{2.14}$$

式（2.14）表示的就是线加热移动热源的准稳态热传导方程，其必须满足的边界条件如下。

1）初始条件（t=0）：加热开始时，钢板的温度场是均匀分布的，即 $T(x,y,z,0)=T_0$，其中T_0为环境温度。

2）热源输入条件：设加热线为$x=0, z=0$，则在钢板加热表面的热流密度在t时刻的分布为

$$q''(x,y,0,t)=hf(x,y,0,t)(T_{\mathrm{b}}-T_{\mathrm{W}})+q''_{\mathrm{rad}}(x,y,0,t) \tag{2.15}$$

2.3 变形场数学模型

通常情况下，在确定船体外板曲面成形加工工艺参数的时候，需要先解决两个问题。第一，确定曲面最终成形所需要的变形量，即首先需要确定钢板的初始形状，并且明确在初始钢板的什么位置上，达到多大的变形量才可以得到设计要求的最终目标曲面；第二，钢板要达到所需要的变形量，需要什么样的成形条件，如氢氧焰流量和加热速度等加工参数。

在热源沿着加热线移动加热的过程中，受热区域会迅速膨胀，与此同时又会受到四周冷却材料的约束，产生残余变形。移动热源温度分布的差异，将会导致两种残余变形。一种是平行于热源移动方向的收缩；另一种是垂直于热源移动方向的收缩，称之为线变形。如果板材的上表面和下表面上的线变形不一样，就会引起弯曲，即板材会产生角变形。

钢板的角变形和线变形，如图 2-2 所示，其计算公式为

$$\begin{cases}\varDelta_{\mathrm{T}}=L_0-L_{\mathrm{T}}\\ \varDelta_{\mathrm{B}}=L_0-L_{\mathrm{B}}\end{cases} \tag{2.16}$$

则钢板总的收缩量为

$$\Delta = \frac{\Delta_T + \Delta_B}{2}$$

角变形量可表示为

$$\begin{cases} \tan\theta = \dfrac{L_B - L_T}{h} \\ 或 \\ \tan\theta = \dfrac{\Delta_T - \Delta_B}{h} \end{cases} \tag{2.17}$$

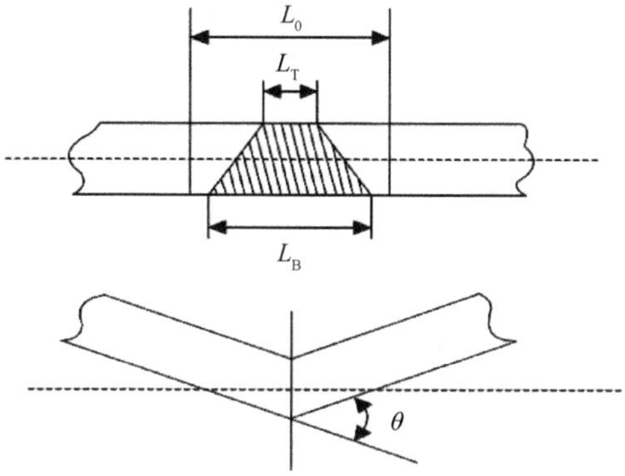

图 2-2　线加热过程中变形量的定义

本研究将钢板变形的运动学分析方法作为确定曲面变形量的理论基础。钢板的初始形状为平板，设计要求的形状为最终目标曲面。对曲面成形过程进行如下假定：

1）钢板在变形过程中，厚度保持不变，并且钢板的厚度远远小于钢板的长度和钢板的宽度；

2）忽略钢板的剪切变形；

3）钢板在变形过程中，同时存在弯曲变形和面内收缩变形。

如图 2-3 所示，初始钢板上的任意一点(u,v,w)的位移都可以用中面的位移(u_0,v_0,w_0)表达为

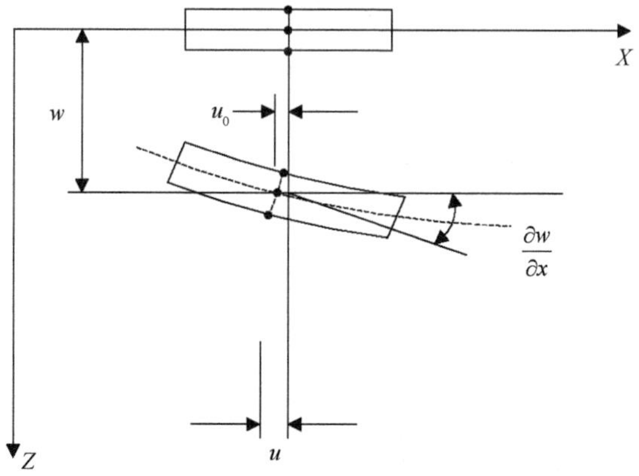

图 2-3　钢板的弯曲变形示意

$$\begin{cases} u = u_0 - z\dfrac{\partial w}{\partial x} \\ v = v_0 - z\dfrac{\partial w}{\partial y} \\ w = w_0 \end{cases} \tag{2.18}$$

则应变关系为

$$\begin{cases} \varepsilon_x \approx \varepsilon_x^0 - z\dfrac{\partial^2 w}{\partial x^2} \\ \varepsilon_y \approx \varepsilon_y^0 - z\dfrac{\partial^2 w}{\partial y^2} \\ \gamma_{xy} = \dfrac{\partial u_0}{\partial y} + \dfrac{\partial v_0}{\partial x} - 2z\dfrac{\partial^2 w}{\partial x \partial y} \end{cases} \tag{2.19}$$

式(2.19)给出的是钢板内非中面上任意一点的应变与中面的面内应变以及曲率变化之间的关系，即钢板的应变应该包括中面的面内应变（$\varepsilon_x^0, \varepsilon_y^0$）和沿板厚方向呈线性变化的弯扭应变。

令 $k_1 \approx \dfrac{\partial^2 w}{\partial x^2}, k_2 \approx \dfrac{\partial^2 w}{\partial y^2}, \tau \approx \dfrac{\partial^2 w}{\partial x \partial y}$，$k_1$和$k_2$分别表示中面的两个主曲率的变化量，$\tau$近似地表示中面的扭曲率变化量。

2.4　热源模型仿真实验对比

下面使用实验对比方法来比较高斯模型和分段移动双椭球热源模型（双椭球模型）中的哪种更能准确反映实际加工情况。选用板厚为 12 mm 的船用钢板。5 组实验数据：热源流量分别为 1 355、1 405、1 500、1 600 和 1 745 L/h；焰枪的移动速度分别为 2.8、3、3.26、3.6 和 3.95 mm/s；热源半径为分别 40、40、41、41 和 41 mm。水冷方式为背面水冷，氢氧焰的热效率为 0.35。表 2-1 列出了两种热源模型与实际加工的变形数据。

表 2-1　不同热源模型和实际加工的钢板变形结果

热源		实验 1	实验 2	实验 3	实验 4	实验 5
双椭球模型	线变形	0.240 2 mm	0.223 0 mm	0.209 5 mm	0.189 2 mm	0.169 0 mm
	角变形	1.817 rad	1.804 rad	1.792 rad	1.787 rad	1.712 rad
高斯模型	线变形	0.228 1 mm	0.211 8 mm	0.199 0 mm	0.179 7 mm	0.160 5 mm
	角变形	1.726 rad	1.714 rad	1.702 rad	1.697 rad	1.626 rad
实际加工	线变形	0.236 5 mm	0.219 6 mm	0.206 3 mm	0.186 3 mm	0.166 4 mm
	角变形	1.789 rad	1.776 rad	1.765 rad	1.760 rad	1.686 rad

表 2-1 中列出了用高斯模型和分段移动双椭球模型作为热源模型的钢板变形仿真结果,为了比较还做了实际加工实验,得到了实际加工钢板变形结果。最后,经过计算得出使用分段移动双椭球体热源模型得到的钢板变形仿真数据与实际加工数据的平均相对误差为 1.5%,而使用高斯模型得到的钢板变形仿真数据与实际加工数据的平均相对误差为 3.5%。结果表明,使用分段移动双椭球体热源模型得到的数据的误差小于高斯模型,这表明分段移动双椭球体热源模型更适合用来表征氢氧焰加工热源。

2.5　背面水冷模型

船体外板曲面成形过程是利用热源对钢板表面进行加热,然后用冷却水对钢板进行快速冷却,使钢板产生较大的热应力而发生弯曲变形的过程。因此,对流换热边界条件是船体外板曲面成形过程中的重要因素。根据船体外板曲面成形过程中冷却介质的不同,对流换热边界条件分为空气冷却自然对流换热边界条件、辐射换热边界条件和水冷对流换热边界条件。此外,水冷却方式分为正面水冷和背面水冷。

2.5.1　冷却水对流换热理论

空气自然对流换热属于平板外部自然对流换热问题,可以利用罗森诺(Rohenow)理论来求得其自然对流换热系数,辐射换热系数也可以通过传热学理论方便地求得。船体外板曲面成形过程中的水冷对流换热情况则比较复杂,以前的研究通常用饱和水大容器沸腾曲线来近似求其水冷对流换热系数,但是由于冷却水的过冷度比较大,加热钢板的温度却很高,会发生冷却水的流动沸腾,因此误差较大。

冷却水的流动沸腾换热是指冷却水在定向流动中沸腾时的换热过程,是流动与沸腾两种基本物理过程的有机结合。考虑到船体外板曲面成形过程中冷却水的流速很低,沸腾对流动的扰动较小,因此研究者往往忽略流动和沸腾过程之间的相互影响, Rohsenow 的理论把流动沸腾看成是不存在沸腾的强迫对流换热和大容器沸腾换热的叠加,即:

$$q'' = q''_{\mathrm{conv}} + q''_{\mathrm{boil}} \tag{2.20}$$

式中:q''、q''_{conv}、q''_{boil} 分别为流动沸腾热流密度、强迫对流热流密度和大容器沸腾换热热流密度。

流动沸腾过程一般由下列工况组成:单相液体流动对流换热、泡态沸腾、过渡沸腾和膜态沸腾。而背面水冷不同于正面水冷,一般只有单相液体流动对流换热和泡态沸腾这两种工况。

2.5.2 冷水单相流动对流换热

在平板上，当流体的雷诺数 $Re<300\,000$ 时，可以看成是层流流动，因为船体外板曲面成形过程中冷却水的流速较低，因此把船体外板曲面成形冷却水的受迫对流用层流受迫对流来计算。根据流体力学和工程对流换热学的相关理论，由布拉修斯精确解可以得到流体速度边界层的厚度 δ_t，其表达式为

$$\frac{\delta_t}{x} \approx \frac{5.0}{\sqrt{\frac{V_\infty x}{\gamma}}} = \frac{5.0}{\sqrt{Re_x}} \tag{2.21}$$

式中：x 为平板长度；γ 为运动黏度；V_∞ 为流体速度。

当具有一定温度的流体流过一个具有不同温度的表面时，除了流体动力边界层外，还形成了热边界层，由波尔豪森精确解可以得到过冷水单相流动对流换热系数 h_{conv}：

$$h_{conv} = 0.332k\sqrt{\frac{V_\infty}{\gamma x}}\,\mathrm{Pr}^{-1/3} \tag{2.22}$$

式中：k 为导热系数；Pr 为普朗特数。

波尔豪森还通过比较完全的分析，得出流动边界层厚度 δ_t 和热边界层厚度 δ 与普朗特数 Pr 三者之间的关系：

$$\frac{\delta_t}{\delta} = \mathrm{Pr}^{-1/3} \tag{2.23}$$

2.5.3 冷水流动泡态沸腾起始点

冷水在热钢板表面流动时，当钢板表面温度大于水的饱和温度并达到一定的过热度时，钢板表面的水开始产生气泡，并跃离钢板表面，此时钢板表面温度即是过冷水流动泡态沸腾起始点的壁面温度 $T_{w(ONB)}$。对于船体外板曲面的表面沸腾系统，由于钢板表面附近的液体边界层存在温度梯度，故采用非均质非均温核化模型进行分析。要想让一个气泡在空穴中不断生长，以致完成核化而脱离壁面，假设临界气泡半径为 r_c 时，气泡顶端处的液相有 $\Delta T_{s(max)}$ 的过热度，否则气泡就会萎缩。过热度与气泡半径的关系，可由过热度公式表示，韩（Han）和格里菲斯（Griffith）考虑了自然对流对液体边界层的影响，对过热度公式进行了修正，表达式为

$$T_l(y) - T_s = \frac{3\sigma T_s}{y h_{fg} \rho_v} \tag{2.24}$$

式中：y 为气泡顶端至壁面的距离；$T_l(y)$ 为液体边界层内的温度梯度；T_s 为液体饱和温度；h_{fg} 为气化潜热；σ 为表面张力；ρ_v 为气相密度。

假设液体边界层的温度场分布为

$$\frac{T_1(y)-T_\infty}{T_w-T_\infty}=1-\frac{3}{2}\frac{y}{\delta_t}+\frac{1}{2}(\frac{y}{\delta_t})^3 \tag{2.25}$$

式中：T_w为壁面温度；T_∞为液体主流温度；δ_t为液体边界层厚度。

若液体温度分布曲线与平衡气泡的过热度曲线相交就产生泡化，而两曲线相切的切点是气泡形成和存活的临界条件，联立式（2.21）、式（2.23）至式（2.25），可以求得$T_{w(ONB)}$。

2.5.4　背面跟踪水冷仿真实验

本研究根据理论基础，采用仿真实验的方法研究基于热力学和流体力学的背面水与钢板的热交换过程，利用 ANSYS 软件建立正面水冷与背面水冷的计算程序，用控制变量的方法（即其他条件相同的情况下仅改变水冷的方式）来对比正面水冷与背面水冷的变形效果，总结出背面水冷相比于正面水冷的优势，从变形理论上解释不同水冷方式对钢板变形的影响，还为实现加热过程监控、获取过程数据提供了可能性。

利用 ANSYS 仿真软件，使用控制变量的方法，仅改变弯板水冷这一加工参数进行仿真实验。分别对正面水冷与背面水冷方式进行了 4 次实验，实验 1 至实验 4 的加热参数如下：氢氧焰流量分别为 1 570，1 670，1 770，1 870 L/h，焰枪的移动速度为 3 mm/s，热源半径为 40 mm，板材为厚度 12 mm 的船用钢板。表 2-2 和表 2-3 列出了正面水冷与背面水冷实验的钢板变形数据。

表 2-2　正面水冷的钢板变形实验数据

正面水冷	实验 1-1	实验 2-1	实验 3-1	实验 4-1
线变形（mm）	0.112 965 044	0.123 820 803	0.125 864 177	0.141 667 681
角变形（rad）	0.018 713 161	0.020 128 228	0.020 166 345	0.021 579 299

表 2-3　背面水冷的钢板变形实验数据

背面水冷	实验 1-2	实验 2-2	实验 3-2	实验 4-2
线变形（mm）	0.153 100 000	0.223 445 304	0.288 169 266	0.332 667 178
角变形（rad）	0.039 722 908	0.046 559 997	0.049 203 915	0.053 202 384

从上表可以看出，对于背面水冷的效果，无论是线变形还是角变形都比正面水冷方式明显，所以可以得出结论：在采用相同加热参数的条件下，背面水冷比正面水冷的钢板成形效率高。

第 3 章　不同复杂线加热的船体外板曲面成形有限元模型

在实际加工中，加热厚板时，简单直线加热的单次效果往往很不理想，船体外板的收缩变形量小，需要多次加热。这是因为船体外板表面温度要控制在 450~850 ℃，温度超过这个温度范围的上限，将对钢板的金相组织产生性质改变并影响钢板性能；低于这个温度范围的下限，不能产生足够的热应力使钢板变形。因此直线加热厚板时的加热速度不能太慢，否则会导致钢板加热深度不足，钢板内部以及背面温度达不到 450 ℃。本研究将采用螺旋线加热和往复线加热的复杂轨迹加工模型，突破传统工艺中简单直线加热的工作模式单一的局限，提高钢板热成形效率。下面用有限元方法分析简单直线加热、螺旋线加热、往复线加热这 3 种加热方式的效果。

3.1　复杂螺旋线加热船体外板曲面成形有限元模型

在船厂实际生产时，对于加工难度大的厚板，常采用复杂螺旋线加热的方法，螺旋线加热可以使钢板获得一个更广、更均匀的热流密度。这种加热方式可以在控制钢板表面最高温度的同时产生更深的加热深度，从而使钢板在后续冷却过程中产生更大的变形。螺旋线加热运行图如图 3-1 所示。

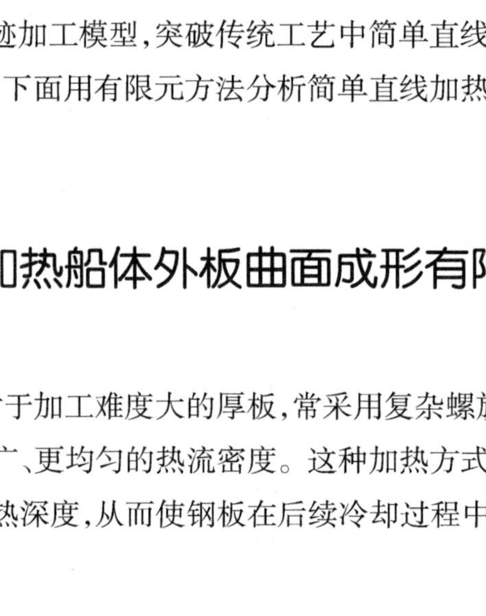

图 3-1　螺旋线加热运行图

螺旋运动的轨迹方程为

$$\begin{cases} x = x_0 + vt + r_0 - r_0\cos(2\omega t\pi) \\ y = y_0 + r_0\sin(2\omega t\pi) \end{cases} \tag{3.1}$$

式中:(x_0,y_0)为运动初始位置的坐标。

3.2　复杂往复线加热的船体外板曲面成形有限元模型

往复线加热的方法,在简单直线加热的基础上,改善了钢板加热深度不足的问题。往复线加热运行图如图 3-2 所示。

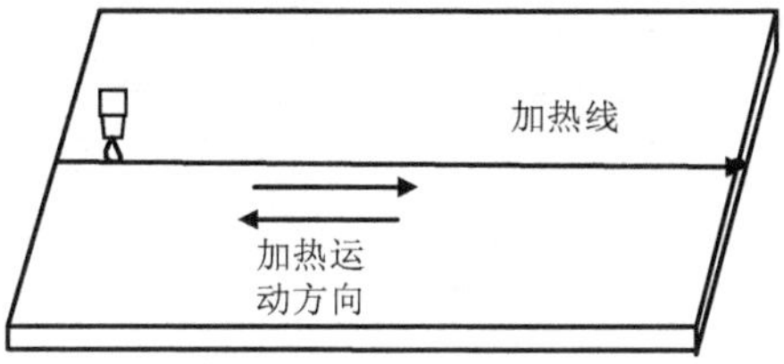

图 3-2　往复线加热运行图

3.3　三种线加热方式下的温度场对比

钢板温度只有在高于 450 ℃时,钢板才会产生明显的塑性变形和较为明显的收缩,因此将 450 ℃作为衡量有效加热区域和无效加热区域的阈值。建立尺寸为 1 000 mm × 1 000 mm × 20 mm 的钢板仿真模型,将运动半径 r_0 设置为 20 mm,在相同氢气流量 1 500 L/h 下,改变速度,将表面温度控制在 850 ℃左右。仿真结果如图 3-3 所示。

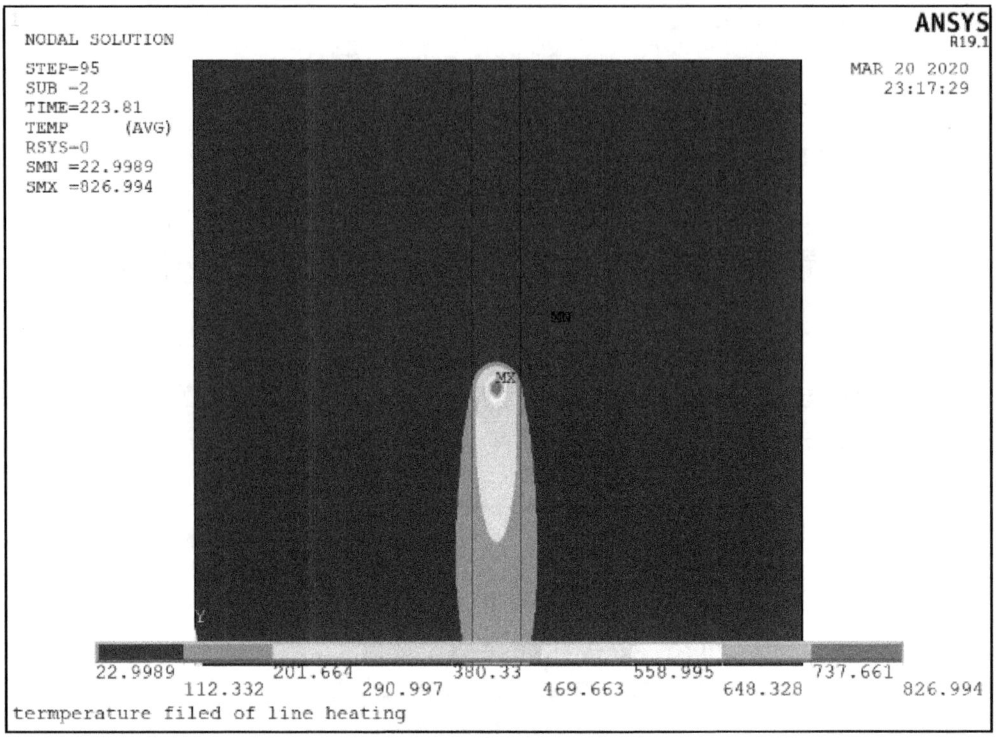

（a）直线加热

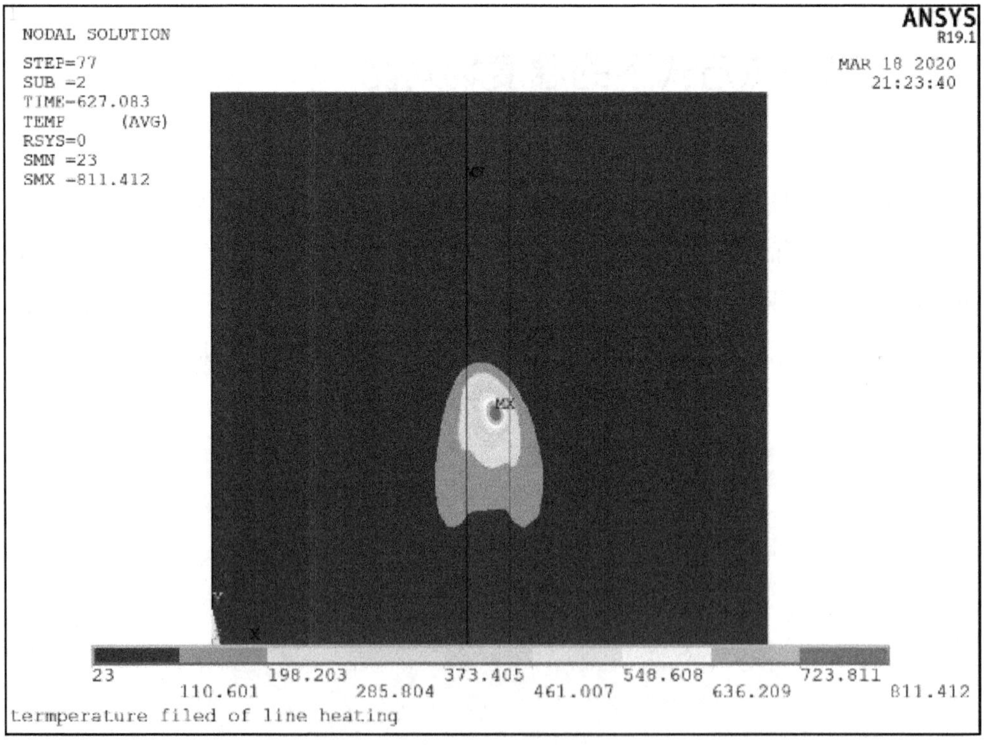

（b）螺旋线加热

图 3-3 不同加热方式下的温度场

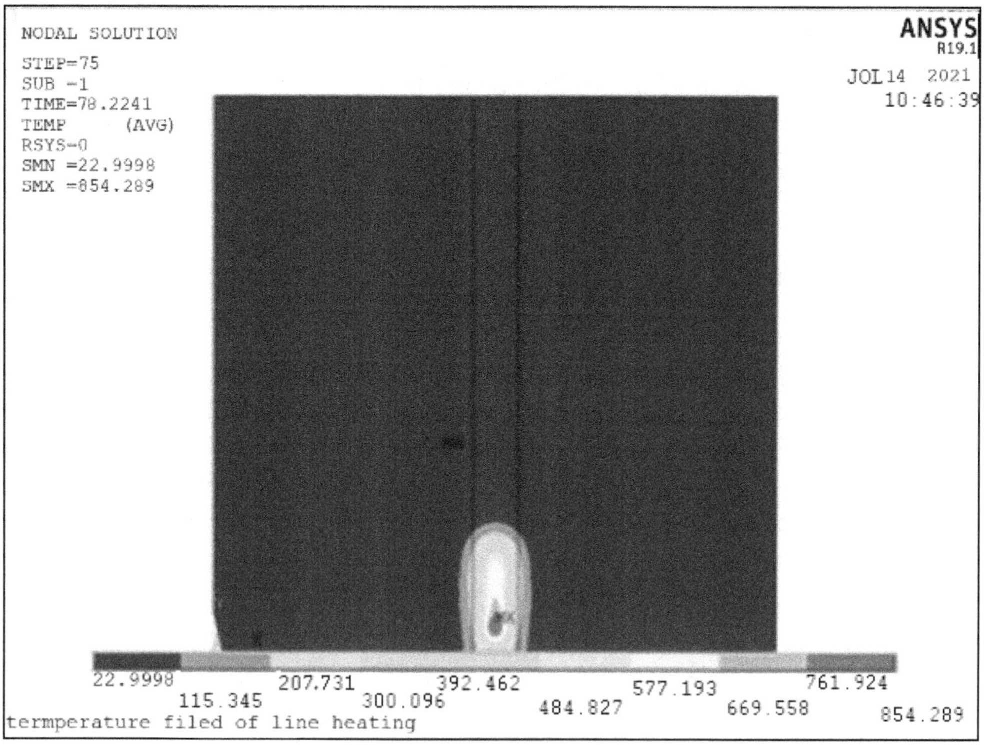

（c）往复线加热

图 3-3　不同加热方式下的温度场(续)

在图中作 450 ℃的等温线,可以明显看出,螺旋线加热的加热范围明显大于直线加热。使用螺旋线加热方式时,钢板内部温度升高更快。图 3-4 所示是 3 种加热方式的加热深度对比,黑色线条为 450 ℃等温线,可以明显看出在螺旋线加热条件下,钢板被“烧透”,背面温度达到 450 ℃以上。

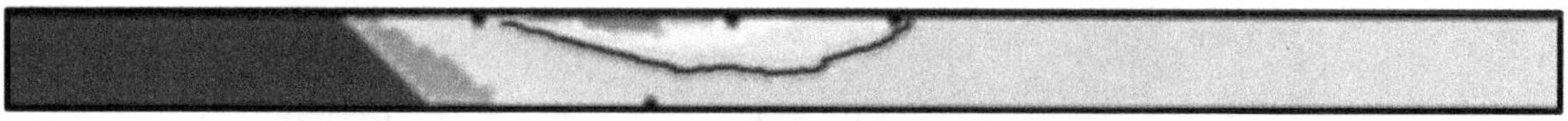

（a）直线加热

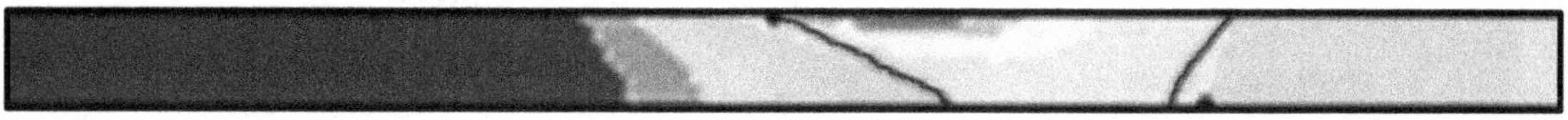

（b）螺旋线加热

（c）往复线加热

图 3-4　不同加热方式下的加热深度

3.4 三种加热方式下的变形场对比

在对船体外板曲面成形的温度场进行有限元计算后，将得到的计算结果作为载荷、施加到变形场模型的有限元计算中，就可以计算出船体外板的残余变形，得到变形场。从ANSYS软件中导出加工后钢板上各个节点在三维方向上的位移量，就可以计算出钢板的角变形和线变形。在这里，本研究选用16、18、20 mm三种厚度的钢板，螺旋线加热的运动半径与角速度分别固定为40 mm和0.6 r/s；在氢气流量不变的情况下，调节纵向加热速度，使钢板表面的最高温度接近850 ℃并保持，对比不同加热方式的线变形和角变形。图3-5是16 mm厚的钢板在流量为1 520 L/h时，不同加热方式的变形场对比；线变形和角变形结果见表3-1。

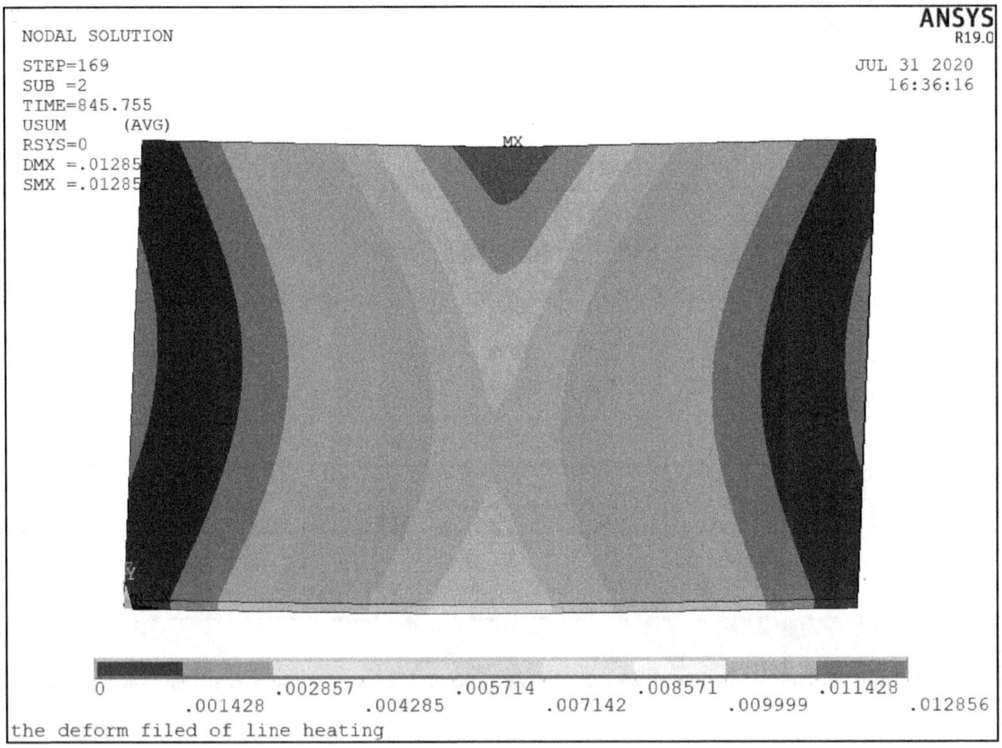

（a）直线加热

图3-5 不同加热方式下的钢板变形场对比

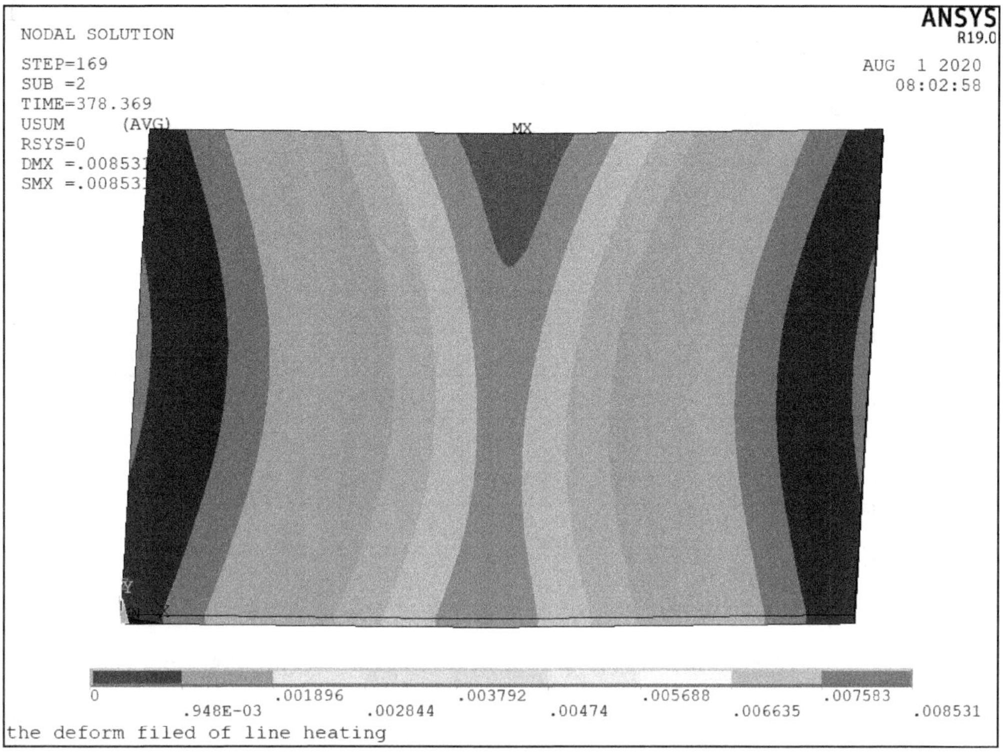

(b)螺旋线加热

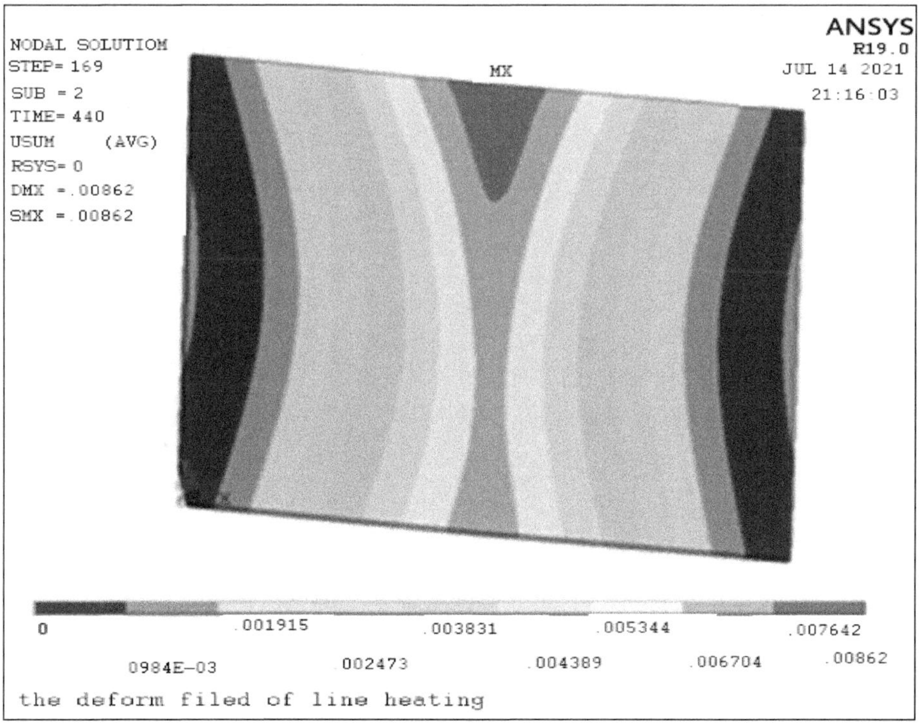

(c)往复线加热

图 3-5 不同加热方式下的钢板变形场对比(续)

表 3-1　不同加热方式下的船体外板变形值对比表

板厚（mm）	氢气流量（L/h）	加热速度（mm/s）		线变形（mm）			角变形（rad）		
		直线/往复	螺旋线	直线	螺旋线	往复	直线	螺旋线	往复
16	1 435	2.80	1.34	0.174 0	0.400 2	0.281 4	0.024 3	0.041 3	0.025 6
16	1 520	3.12	1.92	0.156 8	0.360 6	0.267 3	0.024 0	0.040 8	0.024 3
16	1 750	3.82	2.61	0.126 1	0.290 0	0.231 0	0.022 9	0.038 9	0.027 1
18	1 074	2.02	1.67	0.175 4	0.403 4	0.290 1	0.021 4	0.036 4	0.022 5
18	1 208	2.09	1.47	0.181 0	0.416 3	0.289 4	0.021 9	0.037 2	0.023 6
18	1 338	2.61	2.13	0.141 3	0.325 0	0.254 3	0.020 9	0.035 5	0.021 0
20	844	1.34	1.02	0.246 1	0.566 0	0.390 0	0.021 0	0.035 7	0.021 3
20	985	1.67	1.41	0.177 2	0.407 6	0.292 0	0.019 9	0.033 8	0.020 1
20	1 218	2.03	2.19	0.147 1	0.338 3	0.256 0	0.019 8	0.033 7	0.020 0

由表 3-1 中的数据不难发现，加热方式、板厚、氢气流量、加热速度对船体外板加工质量有明显影响。在三种线加热方式中，对比其他两种线加热方式，采用螺旋线加热时，船体外板的变形效果明显更优。螺旋线加热的加工方式能够在保持钢板内部金相组织性质不变，即保持钢板的表面温度在 850 ℃以下时，对钢板提供更多的热量输入，提高船体外板单次加工的效果；此外，该法对较厚的船板有良好的加工效果，可以提高厚板的加工效率。

第 4 章　过程数据对理论模型与实际加工的修正

4.1　过程数据的获取

在船体外板曲面成形加工的过程中会产生许多过程数据，主要有焰枪的移动速度、热源流量、环境温度等。调整热源流量、加热轨迹和加热速度，采集、分析和处理大量实时过程数据，可以建立描述加工工艺参数与钢板变形之间关系的机理模型。通过将过程数据与理论研究结果进行比较，分析产生偏差的原因，可以不断修正机理模型，使机理模型结果与实际试验结果有比较好的一致性。本研究主要针对焰枪的移动速度、热源流量（氢气流量）这两个参数的过程数据进行研究。

本研究将实际加工过程的加工参数与预设值没有发生变化的情况称为实际理论加工情况，这是一种近似的等同。因为在实际加工过程中，往往因为热源的问题导致达不到所预设的热源流量，如加热速度会因为机械臂的长久使用所产生的损耗导致达不到预设值，最终导致最后的变形量出现误差。此外，ANSYS 仿真数据也与理论实际加工数据有误差。本章使用激光测速仪实时监控焰枪的移动速度，而对流量的监控是通过流量传感器实现的，不同的热源流量对应不同的流量传感器数值，因此可以通过读取流量传感器的数值求得与之对应的热源流量数据。

4.2　过程数据的修正实验

本节使用实验方法修正过程数据对钢板变形的影响。选用板厚为 12 mm 的船用钢板，进行 5 组实验（实验 1~ 实验 5），分别在 ANSYS 仿真软件环境下、实际加工情况下、理论计算条件下获得成形加工的过程数据。

4.2.1 加热速度的修正实验

5 个实验的热源流量分别为 1 355、1 405、1 500、1 600 和 1 745 L/h，焰枪的移动速度分别为 2.8、3、3.26、3.6 和 3.95 mm/s，热源半径分别为 40、40、41、41 和 41 mm；水冷方式均为正面水冷，氢氧焰的热效率为 0.35。表 4-1 和表 4-2 分别列出了三种加工情况下的过程数据和相应的变形数据。

表 4-1 不同加工情况下的加热速度　（单位：mm/s）

加工情况	实验 1	实验 2	实验 3	实验 4	实验 5
ANSYS 模拟	2.80	3.00	3.26	3.60	3.95
理论计算	2.80	3.00	3.26	3.60	3.95
实际加工	2.61	2.80	3.04	3.37	3.71

表 4-2　不同加工情况下得到的变形数据

加工情况		实验 1	实验 2	实验 3	实验 4	实验 5
ANSYS 模拟	线变形	0.240 2 mm	0.223 0 mm	0.209 5 mm	0.189 2 mm	0.169 0 mm
	角变形	1.817 rad	1.804 rad	1.792 rad	1.787 rad	1.712 rad
理论计算	线变形	0.228 1 mm	0.211 8 mm	0.199 0 mm	0.179 7 mm	0.160 5 mm
	角变形	1.726 rad	1.714 rad	1.702 rad	1.697 rad	1.626 rad
实际加工	线变形	0.258 2 mm	0.239 0 mm	0.224 0 mm	0.201 7 mm	0.179 7 mm
	角变形	1.953 rad	1.933 rad	1.916 rad	1.905 rad	1.821 rad

从表 4-1 可以看出，机械臂长期使用产生的损耗会使焰枪的移动速度达不到预设值，出现这种情况肯定会影响钢板的最终变形效果。表 4-2 则是三种加工情况下钢板的变形数据，可以看出理论计算得到的变形量要比通过 ANSYS 仿真模拟得到的变形量小一些。这点很容易理解，毕竟 ANSYS 模拟是在一个完全理论的情况下进行的模拟实验，而理论计算得到的是实际加工达到的理论的变形结果。通过对比这两组数据，发现理论计算可以对 ANSYS 仿真模型起到一定的修正作用，也对后续的加工参数推理起到修正作用；而实际加工中的移动速度因为机械臂使用损耗的原因达不到预设值，移动速度变小也就是加热时间变长，这种情况会导致钢板的最终变形量大于期望值，这种情况也是需要修正的。

对速度进行修正时，采取将预设的移动速度加快的方法，从而可以达到期望的加热效果。通过实验检测这只用于加工的机械臂的移动速度可以得出其可以达到速度预设值的 93%~94%，最后在实验加工前设定移动速度的时候，加快设定的预设移动速度值，使最终经过修正处理的实验变形效果基本符合理论计算结果。

4.2.2　热源流量的修正实验

下面使用实验的方法修正过程数据对钢板变形的影响。选用板厚为 12 mm 的船用钢板,进行 5 组实验,分别在 ANSYS 仿真软件环境下、实际加工情况下、理论计算条件下获得成形加工的过程数据。

5 个实验的热源流量分别为 1 355、1 405、1 500、1 600 和 1 745 L/h,焰枪的移动速度分别为 2.8、3、3.26、3.6 和 3.95 mm/s,热源半径分别为 40、40、41、41 和 41 mm;水冷方式均为正面水冷,氢氧焰的热效率为 0.35。表 4-3 和表 4-4 分别列出了三种加工情况下的过程数据和相应的变形数据。

表 4-3　不同加工情况下的热源流量　（单位:L/h）

加工情况	实验 1	实验 2	实验 3	实验 4	实验 5
ANSYS 模拟	1 355	1 405	1 500	1 600	1 745
理论计算	1 355	1 405	1 500	1 600	1 745
实际加工	1 287	1 344	1 425	1 520	1 657

表 4-4　不同加工情况下得到的变形数据

加工情况		实验 1	实验 2	实验 3	实验 4	实验 5
ANSYS 模拟	线变形	0.240 2 mm	0.223 0 mm	0.209 5 mm	0.189 2 mm	0.169 0 mm
	角变形	1.817 rad	1.804 rad	1.792 rad	1.787 rad	1.712 rad
理论计算	线变形	0.228 1 mm	0.211 8 mm	0.199 0 mm	0.179 7 mm	0.160 5 mm
	角变形	1.726 rad	1.714 rad	1.702 rad	1.697 rad	1.626 rad
实际加工	线变形	0.216 6 mm	0.201 2 mm	0.189 0 mm	0.170 7 mm	0.152 4 mm
	角变形	1.639 rad	1.628 rad	1.616 rad	1.612 rad	1.544 rad

从表 4-3 可以看出制氢机在使用几年后会使氢气的流量达不到预设值,进而影响钢板的最终变形效果。热源流量变小,会导致加热不充分,这种情况会导致钢板的最终变形量小于期望值,这也是需要修正的一种情况。表 4-4 是三种加工情况下钢板的变形数据,可以看出,热源流量达不到预设值会导致钢板的变形量小于期望值。

对热源流量进行修正时,采取将预设的热源流量加大的方法。根据实验数据计算得出实际热源流量可以达到预设值的 95%,最后在实验加工前设定热源流量的时候,加大设定的预设热源流量,使最终经过修正处理的实验变形效果基本符合理论计算结果。

第 5 章　船体外板曲面成形智能决策支持系统及知识库设计

智能决策支持系统是基于知识的系统，本章主要确立了船体外板曲面成形智能决策支持系统的设计思路，并对系统的知识库进行构建。在构建系统知识库的过程中，对于加工规则的获取采取粗糙集理论。对于船体外板曲面成形加工参数知识难以获取的问题，本章采用神经网络算法对不同船体外板加工参数对应的变形量进行预测，以获得可以支撑系统推理的加工参数数据；以面向对象的表示法与特征建模方法进行知识表示；最后采用 SQL Server 数据库作为智能决策系统知识库的载体，把专家知识存储在相应的对象表中。

5.1　船体外板曲面成形智能决策支持系统的整体设计

智能决策支持系统（Intelligent Decision Support System，IDSS）是利用人工智能，特别是专家系统的原理和技术所建立的辅助决策的计算机软件系统。智能决策支持系统有两方面的优势：一方面是人工智能技术的加入可以使系统更好地处理那些定性但定量不确定或不精确的知识；另一方面是智能决策支持系统要求有很强的交互性，以方便用户使用，使人机接口和推理过程更加面向对象，易于理解。人工智能技术可以很好地实现对自然语言的处理，可以用更易于用户理解的方式实现人机接口和推理过程的优化。

5.1.1　传统的智能决策支持系统

如图 5-1 所示，传统的智能决策支持系统一般包括六个模块：人机接口（人机交互界面）、知识获取模块、综合数据库模块、推理机模块、知识库模块以及相应的知识解释模块。

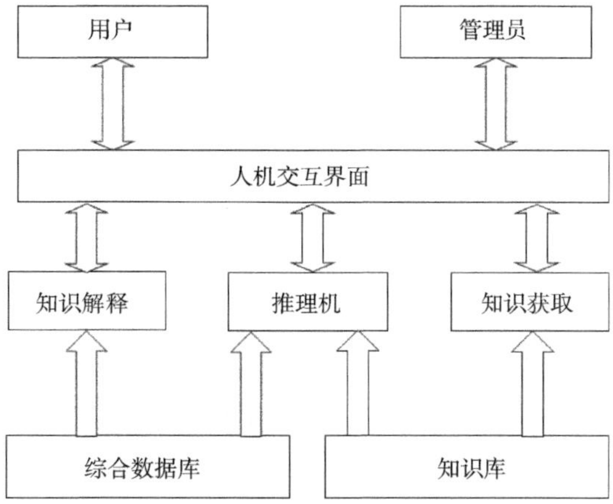

图 5-1　智能决策支持系统结构框图

1. 知识库模块

知识库模块中保存针对特定领域的专家知识和推理过程中可能用到的算法程序块。首先，知识库内的知识不能全靠知识获取机构来获得，其内必须事先存储有足够解决问题的相关领域的知识，这需要对相关领域有足够了解的“专家”来提供。其次，获取到相关领域的知识后，还要将这些知识按照一定方法表达成计算机可以理解、识别并加以运用的形式。此外，知识库还要实现对知识的合理分类，方便随着技术进步，对知识进行及时更新、管理和冗余删除。

2. 知识获取模块

知识获取模块的作用是从外部获取对应领域的知识，用以充实和完善知识库，增强系统性能。从外部环境中获取知识后，将其加工表达为计算机可以理解的信息形式，依照门类存放到知识库的各个子库中。

3. 推理机模块

推理机在理论意义上也是知识库的一部分，它是处理问题的核心部件，根据用户提出的需求信息，调取知识库中相对应的专家知识和方法程序块，对用户所提出的需求进行推理，得出问题的答案，并将推理出的结果传送至人机接口。

4. 知识解释模块

知识解释模块是将推理的中间过程和推理结果，以用户方便理解的形式来解释，便于用户理解整个系统的运作和作用。设计知识解释模块时，要事先研究确定好整个系统在推理运行时需要解答的具体问题。确立好具体问题后，依据这些问题设计好相应的解答。知识解释模块会对重要的中间步骤或结论给出明确易懂的解答，方便用户对系统功能的使用，提高用户的信任感。

5. 人机接口

人机接口有两方面的作用，一是作为高性能的人机交互界面，要便于用户使用，接受并处理用户提供的需求信息和相关资料，将其传递给系统进行处理；二是将系统运行处理的结果和对应的解释信息输出，并转化成便于用户理解的信息形式。

6. 综合数据库模块

综合数据库模块保存着推理过程中要用到的基本数据以及推理过程中和最终的结果。相对于知识库内的数据，这些基本数据往往具有时效性强或更新迭代快的特点，需要相对频繁的修改和更新。在推理过程中，推理机模块会根据具体需求情况和知识库内的知识从基本数据中挑选对应的数据，为推理提供支持，并按规划将推理过程中有价值的中间信息和最终推理结果存储到综合数据库中。

5.1.2 船体外板曲面成形智能决策支持系统的设计思路

船体外板曲面成形智能决策支持系统的主要设计思路如下。

1）根据船体外板曲面成形热加工工艺的特点并结合过往的研究成果，将船体外板曲面加工成形领域的经验知识提炼出来，将这些船体外板曲面成形的工艺知识以合适的形式表达出来，设计对应的知识库模型。

2）依据知识库的构成形式，选择合适的船体外板曲面成形加工方案的推理框架，构建出有效的智能决策支持系统推理机制，使推理机模块能够充分利用知识库内的船体外板曲面成形的工艺知识进行推理，得出合适的加工方案。

3）智能决策支持系统能够比较方便地实现对知识库和数据库的更新、修改、冗余删除和功能完善。

4）智能决策支持系统能够解决规则板形，即双曲率的帆形板和鞍形板，钢板热加工变形数学模型的计算。

5）初步建立船体外板曲面成形智能决策支持系统，为后续建立更复杂、功能更多的智能决策支持系统奠定基础。

5.1.3 船板体外曲面成形智能决策支持系统的整体框架

结合船板体外曲面成形智能决策支持系统的一般结构和船体外板加工领域的工艺特点构建系统的整体框架。船体外板曲面成形智能决策支持系统的结构如图 5-2 所示。

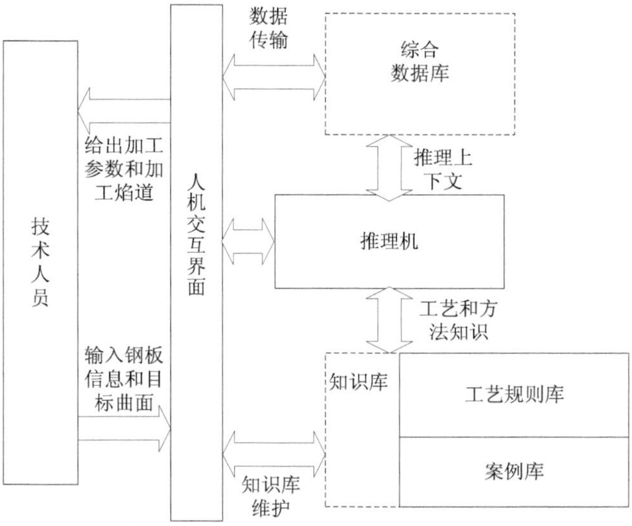

图 5-2　船体外板曲面成形智能决策支持系统的结构框图

1. 知识库

知识库由工艺规则库、案例库组成。工艺规则库存储由过往研究和工厂加工调研经验所提炼的船体外板曲面成形的加工规则，包括加工方法选择模式和帆 / 鞍形板加工注意事项等，以产生式规则表示法表示；案例库存储的是过往研究和工厂生产中的加工实例和由 AFSA-SVM 预测模型产生的表征钢板加工参数和变形量关系的数据，案例库内的知识是加工方案推导的基础。

2. 推理机

推理机是智能决策支持系统的核心，采用“案例 – 模型”混合推理框架，先通过输入目标钢板的曲率判断板形，决定加工方法；然后进行案例匹配，如存在高相似度的案例可以由系统直接输出；对于相似度不够的案例，则保留相似部分的加工参数，进行模型推理；采用“板展开法”确立加工轨迹和对应轨迹的钢板变形收缩量，从模型数据库中寻得一组或多组加工参数；最后再经由人工鱼群算法优化时间和能耗两个目标函数，对加工方案进行优化。

3. 知识库维护模块

船体外板曲面成形智能决策支持系统的设计离不开对知识库的管理。知识不是一成不变的，随着技术的进步，知识库中的内容也要随之更新。知识库维护模块要能够方便地实现对知识内容的定位，这才能对知识库内的知识进行及时的更新、管理和冗余删除，维护知识库的可靠性和协调性。一个可靠且协调的知识库，是保证推理结果正确的基础。

4. 人机交互界面

人机交互界面即人机接口，是船体外板曲面成形智能决策支持系统和技术人员进行交互的途径，本书使用 C# 作为编程语言，采用 Visual Studio 2017 和 SQL Server 2012 作为开发工具;采用 C/S 架构,即服务器 - 客户机进行程序设计。系统要实现船体外板加工要求信息的添加、加工方案的定制、新案例的生成和管理员对普通用户的管理等功能。

5. 综合数据库

综合数据库存储着推理过程中所产生的信息和最终的推理结果,对这些数据进行处理,可以生成新的案例。

5.2 知识库构建

智能决策支持系统也可以称为基于知识的系统,它的性能取决于所拥有的知识的质量,所以知识库的构建是建立船体外板曲面成形智能决策支持系统的核心工作,而船体外板曲面成形知识库构建的关键问题就是如何将大量人类专家的经验表述成计算机能够识别和处理的内部知识。

首先,要更好地构建健全、高质量的专家系统知识库,要对知识库中不同层次的知识采用不同的获取方法,主要分为基于会谈式和案例分析式的案例库知识获取方法和基于粗糙集理论的工艺规则库知识获取方法。

然后,考虑到船体外板曲面成形加工工艺流程的复杂性,在加工过程中需要用到多种不同形式的知识,而且它们之间在一定程度上又是互相关联的,因此用单一的知识表达模式很难准确表达出船体外板曲面成形加工工艺知识以及它们之间的相互关系。在此,依据船体外板曲面成形加工工艺知识的特征,选用面向对象的知识表示法构建船体外板曲面成形智能决策支持系统的知识库。

知识处理的主要功能是对船体外板曲面成形智能决策支持系统的知识库进行管理和维护,通过高效快捷的算法实现历史加工案例的检索以及方便操作人员对知识库的内容进行更新和查询等操作。知识处理的另一个重要功能是对工艺规则库进行可靠性分析,保证规则的准确性和协调性,使其不会出现自相矛盾的结果。

5.2.1 知识获取

根据多年来对研究文献的分析和项目实践,在基于知识的系统中,知识的获取是最难的,而且效率非常低,因此其被称为智能决策支持系统的瓶颈。为了更好地构建健全、高质量的智能决策支持系统的知识库,本研究对知识库中不同层次的知识采用不同的获取方法。

1. 基于会谈式和案例分析式的案例库知识获取

对于案例库知识这种比较概念化和基础性的零级知识,本研究采用传统的会谈式和案例分析式获取方法。首先，通过现场学习了解船体外板曲面成形的基本原理，然后全程配合技术人员以某些具体的船体外板为主线，从偏差量检测到焰道布置，到最终成形，对每个重要细节事无巨细地了解、分析并做记录。当掌握了技术人员的作业模式后，针对某些不清晰的技术细节再与技术人员进行频繁而深入的交流，然后通过综合、去伪存真、归纳，最后确定与船体外板曲面成形有关的概念、特点和关系。在现场学习调研过程中，积累大量的原始数据，为智能决策支持系统案例库的知识表示和参数知识的构成奠定基础。

2. 基于改进 AFSA-SVM 预测模型的船体外板变形量获取

在船厂的实际加工过程中，只能获得船体外板加工前后的整体变形量、每条加热线的大致气流量；至于加热速度，由于手工加工的不确定性，基本无法获得。同时，在实际加工中基本不存在有相同形状要求的钢板，因此想要对船体外板加工方案进行推理，要将每条加热线作为基准单位。为此，就必须获得足够多的表征船体外板关键加工参数和船体外板残余变形量关系的数据。

传统的有限元仿真一次只能计算一组参数的解，且耗时较长。ANSYS 软件不支持非专业显卡的 GPU 加速，在 i7 7700HQ CPU、32 GB 内存的笔记本上，仅计算温度场就需 80 min，变形场计算耗时接近 8 h；在实验室的至强 4110 CPU、128 GB 内存的主机上计算温度场需 40 min，计算变形场需 6 h。这样的数据积累速度显然是不能满足实际加工需求的，因此本研究引入神经网络算法，对不同加工参数下船体外板的变形量进行预测，从而能够积累一批较为准确的可以表征船体外板关键加工参数和残余变形量的数据。

（1）模型选取

船体外板曲面成形问题本质上是一个热弹塑性力学问题，温度场变化且不均匀的分布是其主要成因。因此，输入热源是对钢板变形量具有非常大影响的因素，具体的热源参数包括：氢气流量、加热速度、加热效率、加热半径、加热线长和钢板厚度。使用螺旋线加热时，同时要考虑螺旋方向的螺旋速度和螺旋半径，如图 5-3 所示。

由图 5-3 可以看出，船体外板曲面成形过程是一个复杂的高维问题，输入参数众多，各输入参数与输出量的关系也是非线性的。在众多神经网络模型中，支持向量机（Support Vector Machine，SVM）面对非线性、高维度、小样本问题时有较好的表现，遵循结构风险最小化的原则，其能够依据有限的样本数据量，在模型的复杂特性和学习能力之间寻求最佳折中方案，获得最好的泛化能力。本研究使用 SVM 对船体外板的曲面加工变形进行预测。针对使用 SVM 中存在的模型参数如何确定的问题，使用 AFSA 优化算法对 SVM 模型进行参数寻优，以获得最佳结果。

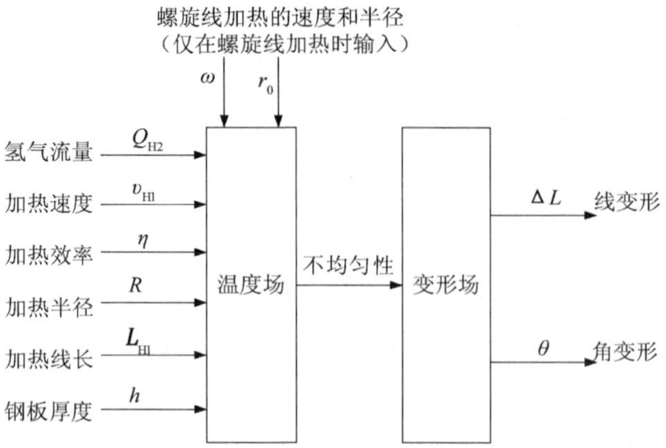

图 5-3　温度场与变形场的关系

（2）支持向量机的原理

SVM 起源于 20 世纪 80 年代，其是基于统计学理论而提出的一种分类算法。SVM 算法策略遵循结构风险最小化的准则，能够快速适应新的样本数据，泛化能力非常强大。SVM 算法发展至今，已经成为机器学习技术中解决非线性、小样本和高维度问题的最实用方法之一。SVM 目前主要分为两大类：支持向量回归（Support Vector Regression，SVR）和支持向量分类（Support Vector Classification，SVC）。其中，SVR 算法在非线性预测领域的应用上取得了良好的效果，考虑到船体外板曲面成形本身是一个复杂的非线性高维问题，同时样本数量较少，此处采用的是 SVR 算法。

下面对 SVR 算法的基本思想进行描述。先设想训练样本集

$D=\{(x_i,y_i)|i=1,2,\cdots,l\},x\in R^M,y\in R^N$

可以构造函数：

$$f(x)=\boldsymbol{w}^{\mathrm{T}}\bullet\boldsymbol{\Phi}(\boldsymbol{x})+b \tag{5.1}$$

式中：$\boldsymbol{\Phi}(\boldsymbol{x})$为非线性映射函数，通过它将输入的样本向量$\boldsymbol{x}$映射到高维特征空间内，进行线性逼近；$b$为偏置，$\boldsymbol{w}$为权向量。

在单维输出的 SVR 算法中，通常根据ε构建不敏感损失函数：

$$L(|y-f(x-\alpha)|)=\begin{cases}0, & |x-f(x,\alpha)|\leqslant\varepsilon\\ |f(x,\alpha)|-\varepsilon, & |y-f(x,\alpha)|>\varepsilon\end{cases} \tag{5.2}$$

这样就能够把回归问题转换为对ε不敏感损失函数的风险最小化问题。同时引入松弛变量ξ_i和ξ_i^*。定义最小化泛函为

$$R(\boldsymbol{w},\xi_i,\xi_i^*)=\frac{1}{2}\boldsymbol{w}^{\mathrm{T}}\bullet\boldsymbol{w}+C\sum_{i=1}^{l}(\xi_i+\xi_i^*) \tag{5.3}$$

式中：C为惩罚因子。

式（5.3）的约束条件为

$$\begin{cases}(\boldsymbol{w}^{\mathrm{T}} \cdot \Phi(x_i)+b)-y_i \leqslant \varepsilon+\xi_i \\ y_i-(\boldsymbol{w}^{\mathrm{T}} \cdot \Phi(x_i)+b) \leqslant \varepsilon+\xi_i^* \\ \xi_i, \xi_i^* \geqslant 0\end{cases} \tag{5.4}$$

引入拉格朗日函数：

$$\begin{aligned} L=&\frac{1}{2} \boldsymbol{w}^{\mathrm{T}} \cdot \boldsymbol{w}+C \sum_{i=0}^{l}(\xi_i+\xi_i^*)-\sum_{i=0}^{l} \alpha_i(y_i-\boldsymbol{w}^{\mathrm{T}} \cdot \Phi(x_i)-b+\varepsilon+\xi)- \\ &\sum_{i=0}^{l} \alpha_i^*(\boldsymbol{w}^{\mathrm{T}} \cdot \Phi(x_i)+b-y_i+\varepsilon+\xi_i^*)-\sum_{i=0}^{l}(\gamma_i \xi_i+\gamma_i^* \xi_i^*)\end{aligned} \tag{5.5}$$

根据 KKT(Karush-Kuhn-Tucker)条件，有下面的等式成立：

$$w=\sum_{i=0}^{l}(\alpha_i^*-\alpha_i) \Phi(x_i) \tag{5.6}$$

$$\sum_{i=0}^{l}(\alpha_i^*-\alpha_i), \quad \alpha_i^*, \quad \alpha_i \in[0, \mathrm{C}] ; i=1,2, \cdots, l \tag{5.7}$$

式中：α_i,α_i^* 是拉格朗日乘子。

将式(5.6)、式(5.7)代入式(5.5)中，可以将上述的二次规划问题转换成求解泛函数的最大值问题。

$$\begin{aligned} w(\alpha_i, \alpha_i^*)=&\frac{1}{2} \sum_{i=1}^{l} \sum_{j=1}^{l}(\alpha_i^*-\alpha_i)(\alpha_j^*-\alpha_j) K(x_i x_j)+ \\ &\varepsilon \sum_{i=1}^{l}(\alpha_i^*+\alpha_i)-\sum_{i=1}^{l} y_i(\alpha_i^*-\alpha_i)\end{aligned} \tag{5.8}$$

式中：$K(\cdot)$为核函数。

其约束条件为

$$\sum_{i=1}^{l}\left(\alpha_i^*-\alpha_i\right), \quad \alpha_i^*, \alpha_i \in[0, C] ; i=1,2, \cdots, l \tag{5.9}$$

在约束条件式(5.9)下，最大化式(5.8)求得参数 α_i,α_i^* 代入式(5.6)可以得到回归函数：

$$f(x)=\sum_{i=1}^{l}\left(\alpha_i^*-\alpha_i\right) K\left(x_i x_j\right)+b \tag{5.10}$$

式中：$\left(\alpha_i^*-\alpha_i\right)$不等于零时所对应的样本就是支持向量；$K\left(x_i x_j\right)=\phi\left(x_i\right) \phi\left(x_j\right)$为核函数。

SVM 的核函数有三种：线性核函数(Linear Kernel，LK)、多项式核函数(Polynomial Kernel Function，PKF)、径向基核函数(Radial Basis Function，RBF)。其中，RBF 应用最为广泛，能适应任何维数容量的样本，且收敛域较宽，故此处选择使用 RBF。SVM 参数优化的实质是对核参数 r 和惩罚因子 C 的选择，如果 C 值过小，模型会欠学习，导致经验风险较大；如果 C 值过大，模型过学习，也会引起同样的风险。r 的取值原则与 C 一样。接下来使用人工鱼群算法对核参数和惩罚因子进行优化寻优，得出最优参数，提高模型的预测精确度。

（3）多输入多输出 SVM 原理

在船体外板曲面成形智能决策支持系统中，表达船板曲面加工成形效果的输出参数共有两个：角变形和线变形。换言之，SVM 模型的输入自变量是经过筛选的可以充分代表对船体外板曲面成形产生影响的加工参数，而输出因变量就是角变形量和线变形量。这样就涉及多维输出的支持向量函数回归问题。当面对此问题时，通常的解决办法是采用多个 SVR 模型加以解决，即对于每个输出量均独立建立一个 SVR 模型。但采用这种方法来解决问题，往往会面临针对训练数据集的精度很高，但是针对测试数据集的精度却偏低的情况。这是因为多个输出量之间本身就是互相关联的，且当实际应用时，输出量之间的映射关系不一定能确立。所以，直接使用多个 SVR 模型来解决多输入多输出的问题是不合理的。

设想一下，假如能够定义一个这样的损失函数，其可以把每一个输出分量的拟合误差都包含到一起，以达成整体优化的目标。在解决 SVM 的多输出函数回归问题中，可以在超球空间上定义一个二次损失函数，使所有的输出分量都服从在同一约束条件下。这样一来，目标函数就能够综合考虑每一个输出分量的拟合误差。改进后损失函数形式为

$$L(x)=\begin{cases}0, x<\varepsilon\\(x-\varepsilon)^2, x\geqslant\varepsilon\end{cases}\tag{5.11}$$

对于 M 维输入，N 维输出的函数拟合问题，本书假设给定的数据样本为 $D=\left\{\left(\boldsymbol{x}_i, y_i\right)\mid i=1,2,\cdots,L\right\}$，其中，$\boldsymbol{x}_i\in\mathbf{R}^M$，$y_i\in\mathbf{R}^N$。对于第 j 维输出，假定它的函数模型为 $G_j: f_j\left(\boldsymbol{x}_i,\boldsymbol{w}_j,b_j\right)=\boldsymbol{w}_j\cdot\phi\left(\boldsymbol{x}_i\right)+b_j$，其中 $b_j\in\mathbf{R}$；函数可表达为 $F(x)=\phi\left(\boldsymbol{x}_i\right)^{\mathrm{T}}\boldsymbol{W}+\boldsymbol{B}$，其中，$\phi(\bullet)$ 是高维空间在平面内的非线性映射，$\boldsymbol{W}=\left[w_1,w_2,\cdots,w_N\right]$，$\boldsymbol{B}=\left[b_1,b_2,\cdots,b_N\right]$。所求解的多维输出函数回归问题就被转换为对每一个输出分量分别求其对应的 $\boldsymbol{w}_j$ 和 $b_j\left(j=1,2,\cdots,N\right)$。目标函数的表达式为

$$\min L(\boldsymbol{W},\boldsymbol{B})=\frac{1}{2}\sum_{j=1}^{N}\boldsymbol{w}_j+C\sum_{i=1}^{L}L\left(\boldsymbol{u}_i\right)\tag{5.12}$$

式中：$L(\boldsymbol{u})$ 是被定义在超球空间上的二次损失函数，$\boldsymbol{u}_i=\boldsymbol{e}_i=\sqrt{\boldsymbol{e}^i\boldsymbol{e}_i^{\mathrm{T}}}$，$\boldsymbol{e}_i=\boldsymbol{y}_i-\phi\left(\boldsymbol{x}_i\right)^{\mathrm{T}}\boldsymbol{W}-\boldsymbol{B}$。当 $\varepsilon=0$ 时，即输出分量之间没有关联性时，就转换至单独为对每个输出分量做最小二乘回归计算；当 $\varepsilon\neq0$ 时，表明多个输出分量之间存在关联性，在求解任意一个输出分量的 w^i 和 b^j 时，都要考虑其余关联输出分量的误差拟合问题，最终得到最优解。

（4）人工鱼群优化算法原理

人工鱼群优化算法（Artificial Fish School Algorithm，AFSA）是一类基于动物社会性活动特征原理而提出的群体智能优化算法。它于 2002 年被首次提出。AFSA 通过模仿鱼类的觅食行为，在指定的搜索区域空间内进行寻优。AFSA 拥有很强的寻优能力，且不易陷入局部极值，其对于初值不敏感，鲁棒性强。

在 AFSA 中，个体的自适应行为是在算法中实现的，是多条鱼共存、同步寻优的一个过

程。将某区域的食物浓度设置为函数值，构造适应度函数决定解的优劣程度；某条空间人工鱼的当前位置为 X_i，$Visual$ 为其视野，X_j 为其视野范围内的另一条人工鱼的位置；比较 X_i 和 X_j 两个位置的食物浓度，若 X_j 处函数值大于 X_i 处函数值，则向 X_j 移动，记为 X_{next}；否则在视野范围内继续寻找，其寻找的次数越多，对周围环境了解得越多，这有利于人工鱼对整个环境的感知，从而在下一次移动中做出相应的决策。该过程可用下式表示：

$$X_j = X_i + Visual \cdot \text{rand}() \tag{5.13}$$

$$X_{\text{next}} = X_i + \frac{X_j - X_i}{\left\| X_j - X_i \right\|} \cdot Step \cdot \text{rand}() \tag{5.14}$$

式中：rand() 表示取 0～1 之间的随机数；$Step$ 为移动步长；i、$j \in \mathbf{N}$，i、$j \neq 0$。

算法中的觅食、聚群和追尾三种行为就是人工鱼依据上述过程，逐渐向食物浓度高的地方移动。

在人工鱼群算法中，人工鱼个体内部的变量和函数如下：

1）人工鱼的总数 N；

2）每条人工鱼的位置 $X = (X_1, X_2, \cdots, X_n)$，$X_i\ (i = 1, 2, \cdots, n)$ 表示第 i 条人工鱼的位置；

3）人工鱼当前所在位置的食物浓度 $Y = f(X)$，Y 为目标函数值，也就是 X 对应的食物浓度；

4）人工鱼个体之间的距离 $d_{i,j} = \left\| X_i - X_j \right\|$，$X_i$ 为第 i 条人工鱼个体的位置，X_j 为该人工鱼视野内的随机人工鱼的位置；

5）人工鱼的视野 $Visual$；

6）人工鱼的移动步长 $Step$；

7）人工鱼每次的最大试探次数 $Try\text{-}number$；

8）拥挤度因子 δ。

鱼类不具有高智慧思考能力，但是它们的某些行为会体现出群体的智慧，用以适应生存环境，以下介绍人工鱼的三种基本行为。

在空间中，有 N 条人工鱼，组成鱼群，设任意一条鱼的位置为 $X_i = \{x_l, l = 1, 2, \cdots, n\}$。人工鱼当前所在位置的食物浓度用作目标函数的适应度，单条鱼的状态作为优化变量，适应度可以由优化变量获得，即 $Y_i = f(X_i)$。人工鱼 X_i 与 X_j 的距离为 $d_{ij} = \left\| X_i - X_j \right\|$。拥挤度因子 δ 表示人工鱼附近的拥挤程度。人工鱼可以感知的范围是 $Visual$，根据其他鱼在感知范围内的行为，确定自身运动方向。人工鱼的步长为 $Step$，试探过程的次数为 $Try\text{-}number$。

AFSA 通过觅食、聚群和追尾三种仿生行为模式来实现。

Ⅰ. 觅食行为

以第 i 条人工鱼为例，其当前位置为 X_i，在其视野范围（$d_{ij} < Visual$）内任选一人工鱼，位

置为X_j。当求极大值时，若$Y_i < Y_j$，则人工鱼i向X_j方向前进一步（$Step$）；反之则重新选择位置。前进后，人工鱼新位置的表达式为

$$X_i^{\text{next}} = X_i + \frac{X_j - X_i}{\left\| X_j - X_i \right\|} \cdot Step \cdot \text{rand}() \tag{5.15}$$

Ⅱ. 聚群行为

同样，以第i条人工鱼为例，其当前位置为X_i，在该人工鱼的视野范围内，存在nf条人工鱼；其中，任意两条人工鱼i, j的距离为$d_{ij} = \left| X_i - X_j \right|$；该人工鱼所在位置的食物浓度为$Y_i$。用视野范围内人工鱼的位置和$X_s$除以人工鱼条数$nf$，得到邻域中心位置$X_c$。若此时$Y_c / nf > \delta Y_i$，则表示领域中心并不拥挤，人工鱼$i$向其移动一步，公式为

$$X_i^{\text{next}} = X_i + \frac{X_c - X_i}{\left\| X_c - X_i \right\|} \cdot Step \cdot \text{rand}() \tag{5.16}$$

Ⅲ. 追尾行为

以第i条人工鱼为例，其当前视野范围内($d_{ij} < Visual$)的人工鱼数量为nf；将视野范围内，食物浓度最高的位置记作X_j，对应的食物浓度为Y_j。若$Y_c / nf > \delta Y_i$，则说明位置X_j处的食物比当前位置食物多，并且也不拥挤。由此人工鱼i判断位置X_j优于当前位置，因此向X_j位置移动一步，公式为

$$X_i^{\text{next}} = X_i + \frac{X_j - X_i}{\left\| X_j - X_i \right\|} \cdot Step \cdot \text{rand}() \tag{5.17}$$

Ⅳ. 改进的人工鱼群算法

本研究提出在 AFSA 迭代过程中，加入一个满足柯西分布的函数对视野$Visual$进行实时更新。在算法运行初期，给予一个较为宽阔的视野，随后视野以一个平缓的速度减小，使算法兼顾搜索能力和精度。视野减小的速度不能过快，否则人工鱼受视野太小的限制，有可能无法发现全局最优值，导致优化效果不理想。

改进后的视野函数为

$$Visual_{\text{next}} = Visual_i \cdot f_1\left(\frac{r}{Number}\right) \tag{5.18}$$

式中：$Visual_{\text{next}}$为下一次迭代的视野范围；$Visual_i$为当前视野范围。

Ⅴ. AFSA-SVM 优化算法设计和仿真

综合考虑船体外板曲面成形实际加工的特点和 SVM 算法的特征，本章在不同钢板厚度下，分别对直线与螺旋线加热加工进行建模预测。直线加热预测模型选取氢气流量、加热速度、加热线长作为模型输入，输出为线变形与角变形；螺旋线加热预测模型选取氢气流量、加热速度、螺旋速度、螺旋半径、加热线长作为模型输入，输出为线变形与角变形。

两种模型的输入、输出如图 5-4 所示。模型以线变形和角变形的均方根值的平均值作为目标函数。

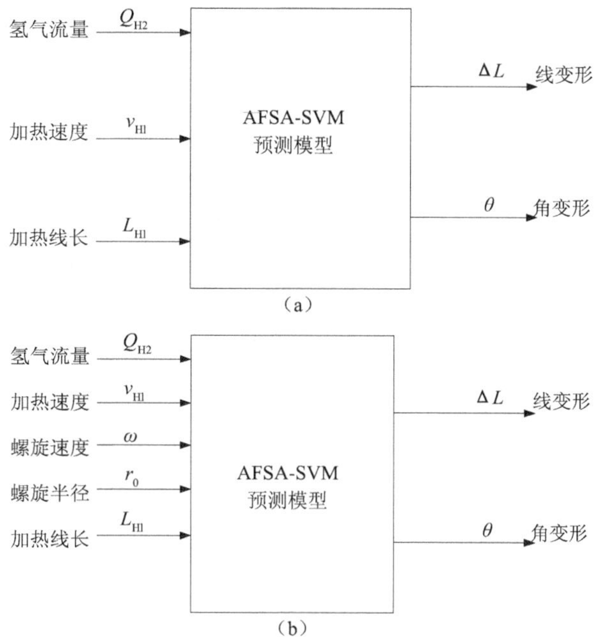

图 5-4　AFSA-SVM 预测模型

(a)直线加热预测模型　(b)螺旋线加热预测模型

改进的 AFSA-SVM 算法的主要步骤如图 5-5 所示，具体如下。

1)筛选数据，建立模型训练样本和模型测试样本；在模型训练前先对训练样本进行归一化处理，以提高模型运算速度。

2)初始化各项参数。

3)以 SVM 回归结果的平均方均根误差倒数为适应度，将其最大值作为最佳选择，采用前文提到的 AFSA 步骤对 SVM 模型参数进行优化。设鱼群中人工鱼的条数 N=150，单个鱼视野 $Visual$=10 m，空间移动步长 $Step$=20 m^3，拥挤度因子 δ=0.618，最大试探次数 $Try\text{-}number$=800；

4)利用人工鱼群算法得出最优参数，建立 SVM 模型，利用训练数据展开训练。

5)每次迭代后，对鱼群进行操作，随迭代次数减小人工鱼视野。

6)训练完毕，得到预测结果，并与测试样本进行对比。

为了验证 AFSA-SVM 预测模型的有效性，本研究通过 ANSYS 有限元软件进行仿真；此外，结合加工实际，收集一批船舶用低碳钢钢板在不同流量、速度下的变形数据，用于对比分析。建立 1 000 mm × 1 000 mm，厚度分别为 16 mm、18 mm、20 mm 的钢板模型进行仿真。每种厚度随机选取 150 组数据作为模型训练样本，此外每种厚度选 5 组有差异的数据作为仿真测试样本。

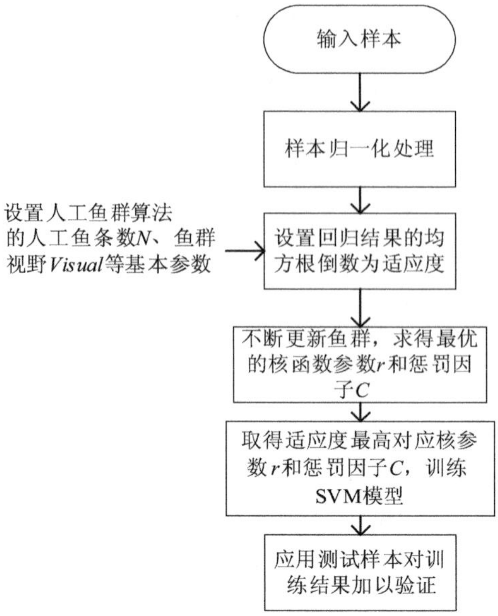

图 5-5 模型运行流程图

Ⅵ. 仿真结果分析

图 5-6 为不同加热条件下,厚度为 16 mm、18 mm、20 mm 的钢板的预测结果。图 5-6（a）~（c）为直线加热的预测结果;图 5-6（d）~（f）为螺旋线加热的预测结果。图中,圆圈代表有限元仿真的模拟值,加号代表模型预测值。

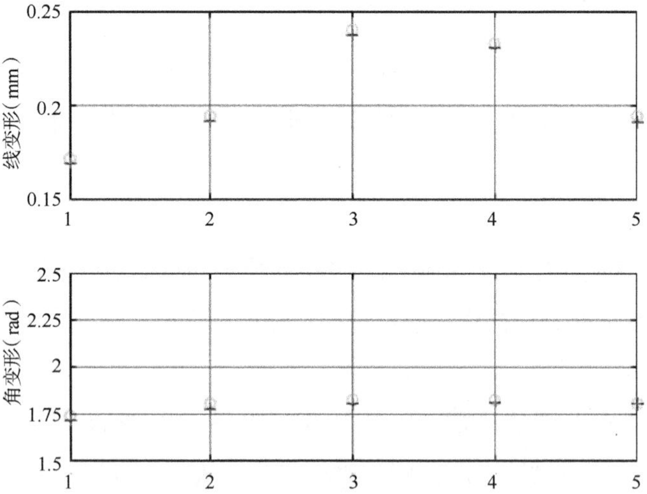

（a）

图 5-6 直线和螺旋线加热预测结果

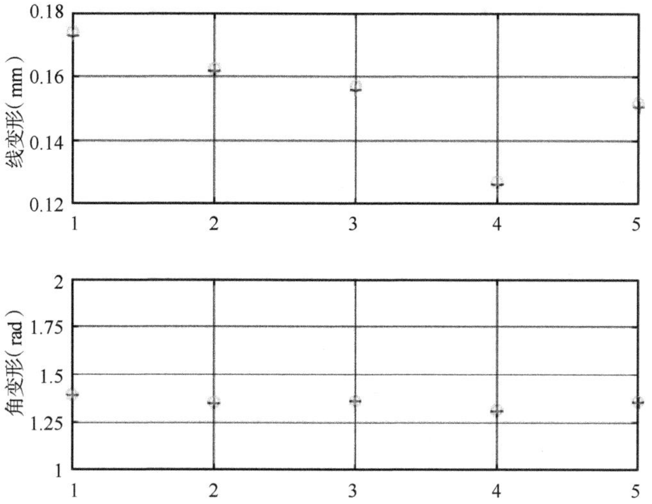

(b)

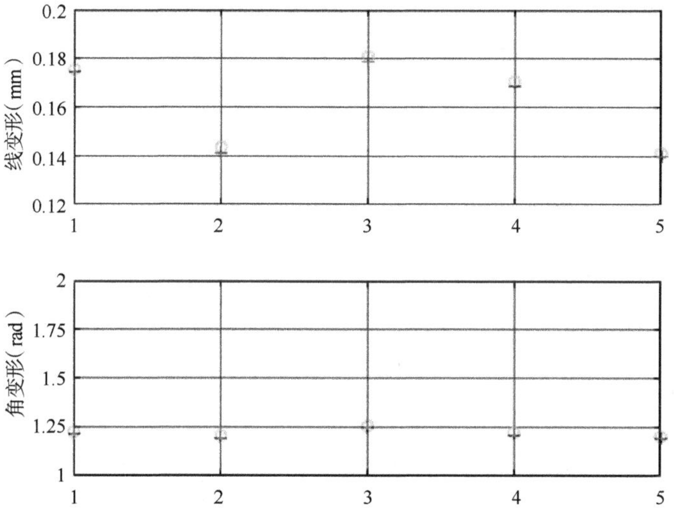

(c)

图 5-6　直线和螺旋线加热预测结果(续)

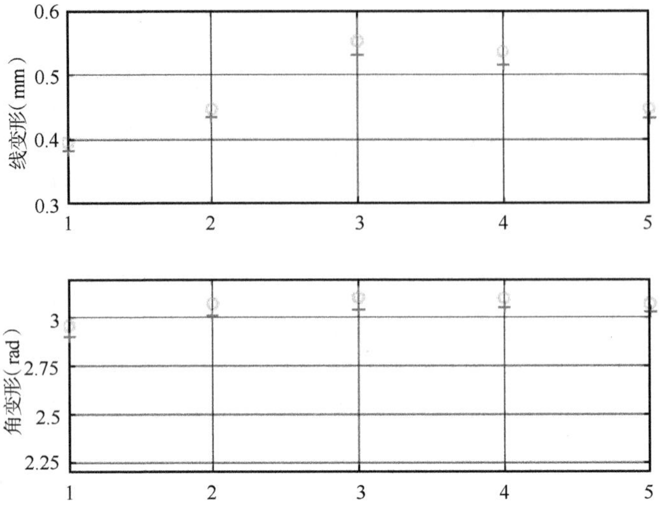

(d)

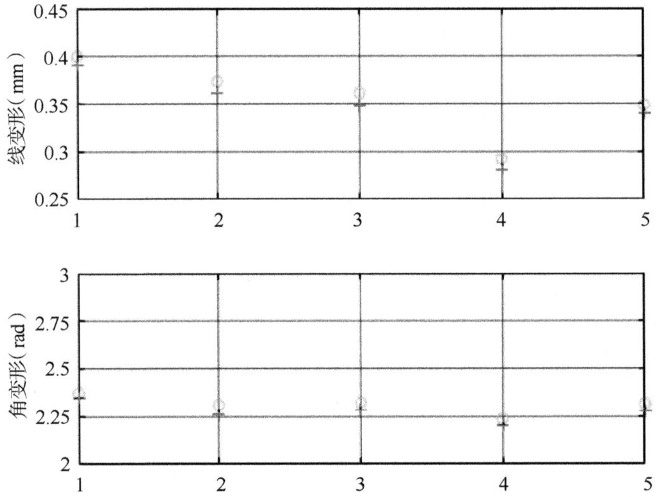

(e)

图 5-6　直线和螺旋线加热预测结果(续)

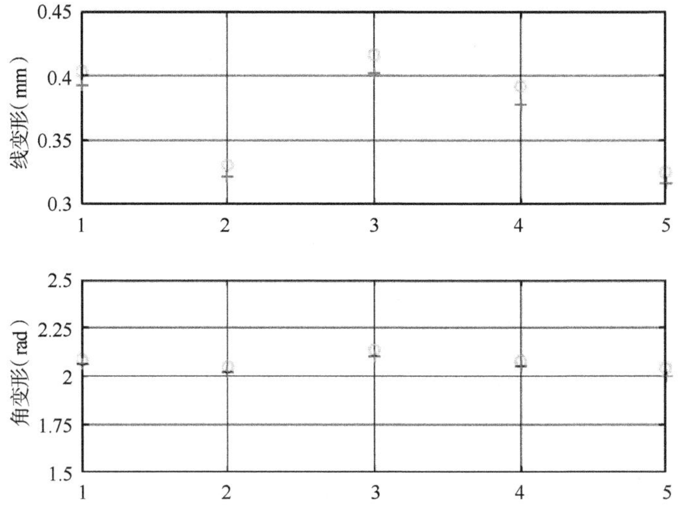

(f)

图 5-6 直线和螺旋线加热预测结果(续)

(a)16 mm,直线加热　(b)18 mm,直线加热　(c)20 mm,直线加热
(d)16 mm,螺旋线加热　(e)18 mm,螺旋线加热　(f)20 mm,螺旋线加热

表 5-1 列出了钢板在直线加热方式下的角变形和线变形的真实值与预测值。结果表明,在直线加热方式下,钢板厚度为 16 mm 时,钢板线变形的平均误差为 1.32%,钢板角变形的平均误差为 1.02%;钢板厚度为 18 mm 时,钢板线变形的平均误差为 0.66%,钢板角变形的平均误差为 0.40%;钢板厚度为 20 mm 时,钢板线变形的平均误差为 1.08%,钢板角变形的平均误差为 0.80%。可以看出 ASFA-SVM 预测模型的误差在误差允许范围(±5%)以内,预测效果较好。

表 5-1　直线加热条件下真实值与预测值对比

板厚(mm)	真实值		预测值		平均误差	
	线变形(mm)	角变形(rad)	线变形(mm)	角变形(rad)	线变形	角变形
16	0.171 8	1.739 2	0.169 5	1.714 9	1.32%	1.02%
	0.194 5	1.807 1	0.191 6	1.778 2		
	0.240 3	1.826 0	0.237 6	1.806 0		
	0.233 1	1.824 0	0.231 0	1.807 6		
	0.194 5	1.807 1	0.191 0	1.805 3		

续表

板厚（mm）	真实值		预测值		平均误差	
	线变形（mm）	角变形（rad）	线变形（mm）	角变形（rad）	线变形	角变形
18	0.174 0	1.394 7	0.172 8	1.391 9	0.66%	0.40%
	0.162 4	1.356 9	0.161 7	1.350 1		
	0.157 1	1.364 2	0.155 7	1.358 7		
	0.126 9	1.315 5	0.126 3	1.311 5		
	0.151 6	1.361 2	0.150 4	1.353 0		
20	0.175 4	1.225 8	0.174 3	1.214 7	1.08%	0.80%
	0.143 6	1.204 1	0.141 4	1.194 5		
	0.181 0	1.255 8	0.178 7	1.247 0		
	0.170 5	1.222 3	0.168 6	1.208 9		
	0.141 3	1.200 6	0.140 0	1.194 6		

表 5-2 列出了钢板在螺旋线加热方式下的角变形和线变形的真实值与预测值。结果表明，在螺旋线加热方式下，钢板厚度为 16 mm 时，钢板线变形的平均误差为 3.42%，钢板角变形的平均误差为 1.72%；钢板厚度为 18 mm 时，钢板线变形的平均误差为 3.22%，钢板角变形的平均误差为 1.55%；钢板厚度为 20 mm 时，钢板线变形的平均误差为 3.04%，钢板角变形的平均误差为 1.43%。相较于对直线加热效果的预测结果，模型对螺旋加热效果的预测结果误差较大，这是由于螺旋线加热多了两个输入参数：螺旋速度 ω 和螺旋半径 r_0。这使模型更加复杂，增加了预测难度，但模型对螺旋线加热效果预测结果的误差仍在允许范围之内（±5%）。上述结果表明，AFSA-SVM 预测模型的预测效果良好，可以应用于生产实际。

表 5-2 螺旋线加热真实值与预测值对比表

板厚（mm）	真实值		预测值		平均误差	
	线变形（mm）	角变形（rad）	线变形（mm）	角变形（rad）	线变形	角变形
16	0.395 0	2.956 7	0.382 8	2.903 4	3.42%	1.72%
	0.447 4	3.072 1	0.435 3	3.013 7		
	0.552 6	3.104 3	0.530 0	3.039 1		
	0.536 0	3.100 8	0.515 2	3.054 2		
	0.447 4	3.072 1	0.432 6	3.032 2		

续表

板厚（mm）	真实值		预测值		平均误差	
	线变形（mm）	角变形（rad）	线变形（mm）	角变形（rad）	线变形	角变形
18	0.400 2	2.371 0	0.389 7	2.343 7	3.22%	1.55%
	0.373 5	2.306 8	0.360 8	2.261 8		
	0.361 3	2.319 1	0.348 3	2.280 6		
	0.291 9	2.236 3	0.280 2	2.205 5		
	0.348 7	2.314 0	0.340 0	2.277 2		
20	0.403 4	2.083 8	0.392 7	2.060 3	3.04%	1.43%
	0.330 2	2.047 1	0.321 0	2.023 3		
	0.416 3	2.134 8	0.402 2	2.103 0		
	0.392 0	2.077 9	0.377 1	2.049 7		
	0.324 9	2.041 1	0.316 6	2.000 5		

同时也可以看到，随着钢板厚度的增加，线变形没有太大变化的情况下，角变形明显变小，这与式（2.17）相符合，验证了 AFSA-SVM 预测模型的准确性。

5.2.2　基于粗糙集理论的规则库知识获取

实际船体外板曲面成形过程涉及的参数众多，钢板的形变规律复杂，会产生许多经验性和后发性的知识。这些知识如果靠人工获取不仅效率低，而且获取的知识往往不够全面。为此，本研究对于规则库这类一级知识的获取采用基于粗糙集的知识获取算法，该算法可以对不精确和不完整的信息进行有效的分析和处理，并从中发现隐含的知识，其输入变量是定量的条件属性数据和定性的决策属性数据，输出变量是最小决策规则。基于粗糙集理论的知识获取算法的具体实施步骤如下。

（1）数据预处理

首先，对原始数据进行离散化处理，提取决策信息系统 $S=<U,A,V,f>$。然后，确定条件属性集 C 和决策属性集 D，并对条件属性和决策属性分类，计算 $U/IND(C)$ 和 $U/IND(D)$。

（2）决策表 S 的核计算

基于属性重要度的应发式信息，用决策表 S 的核计算算法确定属性相对核 $CORE_D(C)$。

（3）决策表 S 的属性约简

通过决策表 S 的属性约简算法进行属性约简，求取约简决策表 $S'=<U,RED_D(C)\cup D,V,f>$。

（4）决策表S'的属性值约简

通过简化的知识表达系统，计算各条规则的核值与可能的规则简化形式。对每一决策规则进行积极性约简，确定重要的属性值，删除冗余属性值。

（5）生成决策规则

利用核与简化的概念对决策规则进行简化、合并，整理成约简的决策规则，构成决策规则集。

1. 决策表约简算法分析

规则库知识获取算法使用粗糙集理论相关的决策表约简算法，下面对相关算法进行分析：

设决策表 $S=<U,A,V,f>$，$A=C\cup D$，条件属性 $C=\{a_i\mid i=1,2,\cdots,n\}$，决策属性 $D=\{d\}$，$U/a_i=\{X_1,X_2,\cdots,X_m\}$，$U/d=\{D_1,D_2,\cdots,D_r\}$。

（1）决策表S的核计算

输入：决策表 $S=<U,A,V,f>$，$A=C\cup D$，条件属性 $C=\{a_i\mid i=1,2,\cdots,n\}$，决策属性 $D=\{d\}$。

输出：决策表S的核$CORE_D(C)$。

Step 1：设$CORE_D(C)=\varnothing$；计算依赖度$\gamma_C(D)=\dfrac{Card(POS_C(D))}{Card(U)}$，$0\leqslant\gamma_C(D)\leqslant 1$。

Step 2：对每个属性$a_i\in C$，分别计算相对重要度。

$d_{C-\{a_i\}}(D)=(\gamma_C(D)-\gamma_{C-\{a_i\}}(D))/\gamma_C(D)$。

Step 3：选择C中能使$d_{C-\{a_i\}}(D)>0$的属性a_i作为a。

Step 4：令$CORE_D(C)=CORE_D(C)\cup\{a\}$。

Step 5：输出$CORE_D(C)$。

决策表S的核计算算法的主要作用是求取各决策对象的属性核值。

（2）基于属性重要性的启发性约简算法

输入：决策表 $S=<U,A,V,f>$，$A=C\cup D$，条件属性 $C=\{a_i\mid i=1,2,\cdots,n\}$，决策属性 $D=\{d\}$，相对核$CORE_D(C)$。

输出：决策表S的一个相对约简核$RED_D(C)$。

Step 1：令$RED_D(C)=CORE_D(C)$。

Step 2：$A=C-CORE_D(C)$。

Step 3：如果$CORE_D(C)=\varnothing$，则计算$d_{RED_D(C)}(D)$，跳转至 Step 7。

Step 4：对于每个属性$a_i\in C$，分别计算$d_{RED_D(C)\cup\{a_i\}}(D)$。

Step 5：选择A中能使$d_{RED_D(C)\cup\{a_i\}}(D)=\min(d_{RED_D(C)\cup\{a_i\}}(D))$成立的最小属性$a_i$作为$a$（$a_i\in A$）。

Step 6：$RED_D(C)=RED_D(C)\cup\{a\}$，$A=A/\{a\}$。

Step 7：如果 $d_{RED_D(C)}(D)=d_C(D)$，则 $RED_D(C)=CORE_D(C)$，否则跳转至 Step 4。

Step 8：输出一个相对约简核 $RED_D(C)$。

基于属性重要性的启发性约简算法的主要作用是利用相对正区域的计算，以核属性作为计算约简的起点，求解属性约简。

（3）属性值约简

输入：决策信息系统 $S=<U,A,V,f>$。

输出：决策表中基本决策规则集。

Step 1：对经过属性约简的决策表 S 中的每条记录，运用数据分析方法，计算每条规则的核值与可能的规则简化形式。

Step 2：根据每条规则的核值求出最小约简。

Step 3：根据最小约简，得出决策规则。

属性值约简算法的主要作用是对决策信息系统中每条记录中的冗余的条件属性值进行分析、筛选，得出最小约简决策规则。

2. 基于粗糙集理论的规则库知识获取算法应用

尽管船体外板曲面成形机理复杂，涉及大量不确定因素，但根据现场调研和技术人员的经验，许多加工参数（如加热温度、冷却方式、加热方式等）是可以通过某些重要基本因素（如板形、板厚等）确定的。而对加热温度的决策选择就是一个典型的例子，一般情况下技术人员会根据船体外板的板形、板厚、成形度、余量、焰道数这 5 个因素确定合适的加热温度，但是这种决策方法主要基于技术人员多年的加工经验，现在为了达到智能决策的目的，需要对大量现场数据进行自动规则提取。下面以加热温度的知识获取为例，说明规则库知识获取的方法。表 5-3 给出了加热温度决策表的部分样本数据。

表 5-3　加热温度决策表

U	板形	板厚	成形度	余量	焰道数	加热温度
x_1	帆形	薄板	86.2%	2%	1	623 ℃
x_2	帆形	中厚板	90.6%	3%	3	685 ℃
x_3	帆形	厚板	87.8%	3%	2	774 ℃
x_4	鞍形	厚板	68.5%	9%	6	857 ℃
x_5	鞍形	中厚板	72.6%	5%	4	804 ℃
x_6	扭曲形	厚板	85.2%	4%	2	668 ℃
x_7	扭曲形	厚板	81.7%	4%	3	752 ℃
x_8	锥形	中厚板	74.4%	11%	5	764 ℃
x_9	锥形	中厚板	68.9%	10%	4	702 ℃

续表

U	板形	板厚	成形度	余量	焰道数	加热温度
x_{10}	鞍形	中厚板	74.1%	7%	5	817 ℃
x_{11}	帆形	中厚板	81.3%	3%	3	716 ℃
x_{12}	扭曲形	厚板	88.4%	5%	2	722 ℃

根据 5.2.2 节中的方法，对表 5-3 中的数据进行预处理。其中，对于板形属性，将帆形、鞍形、扭曲形、锥形分别记录为 1、2、3、4；对于板厚属性，将薄板、中厚板、厚板分别记录为 1、2、3；对于成形度，根据工人经验以 95% 以上为等级 1，85% 至 95% 为等级 2，75% 至 85% 为等级 3，65% 至 75% 为等级 4，65% 以下为等级 5；余量以正常余量标准 2% 为基准，1~2 倍为等级 1，2~4 倍为等级 2，4~6 倍为等级 3，6 倍以上为等级 4；焰道数是指肋骨线相邻区域内的焰道布置数量，1~2 条为等级 1，2~4 条为等级 2，4~6 条为等级 3，6 条以上为等级 4；在实际加工现场，加热温度一般以钢板加热色温进行判断，结合实际加工经验将温度分为 5 个等级，等级 1 是 600~700 ℃，等级 2 是 700~750 ℃，等级 3 是 750~800 ℃，等级 4 是 800~850 ℃，等级 5 是 850~900 ℃。经过上面的数字化预处理过程，得到以数字表示的信息决策表（表 5-4）。

表 5-4 加热温度信息决策表

U	a_1	a_2	a_3	a_4	a_5	d
x_1	1	1	2	1	1	1
x_2	1	2	2	2	2	1
x_3	1	3	2	1	1	3
x_4	2	3	4	2	3	5
x_5	2	2	4	3	2	4
x_6	3	1	2	2	1	1
x_7	3	1	3	1	2	3
x_8	4	2	4	2	3	3
x_9	4	2	4	3	2	2
x_{10}	2	2	4	3	3	4
x_{11}	1	2	3	2	2	2
x_{12}	3	3	2	2	1	2

根据 5.2.2 节中的步骤（2）和（3），进行决策表 S 的核计算和属性约简。由 5.2.2 节中基于属性度要性的启发性约简算法求得

$$d_{C-\{a_1\}}(D)=\frac{\gamma_C(D)-\gamma_{C-\{a_1\}}(D)}{\gamma_C(D)}=\frac{1}{6}$$

$$d_{C-\{a_2\}}(D)=\frac{\gamma_C(D)-\gamma_{C-\{a_2\}}(D)}{\gamma_C(D)}=\frac{1}{6}$$
$$d_{C-\{a_3\}}(D)=\frac{\gamma_C(D)-\gamma_{C-\{a_3\}}(D)}{\gamma_C(D)}=\frac{1}{6}$$
$$d_{C-\{a_4\}}(D)=\frac{\gamma_C(D)-\gamma_{C-\{a_4\}}(D)}{\gamma_C(D)}=0$$
$$d_{C-\{a_5\}}(D)=\frac{\gamma_C(D)-\gamma_{C-\{a_5\}}(D)}{\gamma_C(D)}=0$$

由于$d_{C-\{a_1\}}(D)$、$d_{C-\{a_2\}}(D)$、$d_{C-\{a_3\}}(D)$均大于 0，得$CORE_D(C)=\{a_1,a_2,a_3\}$。通过启发性约简算法求得$d_{RED_D(C)}(D)=\dfrac{\gamma_C(D)-\gamma_{RED_D(C)}(D)}{\gamma_C(D)}=0$，$d_C(D)=0$，故$RED_D(C)=CORE_D(C)=\{a_1,a_2,a_3\}$。同时消除相同的决策规则，约简后得到的决策规则表如表 5-5 所示。

表 5-5　加热温度决策规则表

U	a_1	a_2	a_3	d
x_1	1	1	2	1
x_2	1	2	2	1
x_3	1	3	2	3
x_4	2	3	4	5
x_5	2	2	4	4
x_6	3	1	2	1
x_7	3	1	3	3
x_8	4	2	4	3
x_{11}	1	2	3	2
x_{12}	3	3	2	2

根据 5.2.2 节中的约简步骤，进行约简决策表 S' 的属性约简。以 x_1 为例，可知：$[d_1:(a_1,1)\cap(a_2,1)\cap(a_3,2)\rightarrow(d,1)]$，决策类 $[d_1]_d=\{x_1,x_2,x_6\}$，$[d_1]_{a_1}=\{x_1,x_2,x_3,x_{11}\}$，$[d_1]_{a_2}=\{x_1,x_6,x_7\}$，$[d_1]_{a_3}=\{x_1,x_2,x_3,x_6,x_{12}\}$。其中，$[m]_n$表示关于属性 n 有相同属性值的个体的集合。

由于

$[d_1]_{(a_1,a_2)}=[d_1]_{a_1}\cap[d_1]_{a_2}=\{x_1\}\subset[d_1]_d$，故$(a_3,2)$可以被约去；

$[d_1]_{(a_1,a_3)}=[d_1]_{a_1}\cap[d_1]_{a_3}=\{x_1,x_2,x_3\}\not\subset[d_1]_d$，故$(a_2,1)$不可以被约去；

$[d_1]_{(a_2,a_3)}=[d_1]_{a_2}\cap[d_1]_{a_3}=\{x_1,x_6\}\subset[d_1]_d$，故$(a_1,1)$可以被约去。

因此，得到两条最小决策规则：$[d:(a_1=1\cap a_2=1)\Rightarrow d=1]$和$[d_1:(a_3=2\cap a_2=1)\Rightarrow d=1]$。同理，可计算出所有决策规则的最小约简，得到最小约简规则表（表 5-6）。

表 5-6 加热温度最小约简规则表

U	a_1	a_2	a_3	d
x_1	1	1	—	1
x_1'	1	—	2	1
x_2	—	2	2	1
x_3	1	3	—	3
x_4	—	3	4	5
x_4'	2	3	—	5
x_5	2	2	—	4
x_6	—	1	2	1
x_7	—	1	3	3
x_7'	3	1	—	3
x_8	4	—	—	3
x_{11}	—	2	3	2
x_{12}	3	3	—	2

对表 5.6 中的最小约简决策规则进行合并、整理得出下列规则。

Rule 1:if ($a_1=1$ and $a_2=1$) or ($a_1=2$ and $a_2=1$ or 2) then ($d=1$)。

Rule 2:if ($a_2=2$ and $a_3=3$) or ($a_1=3$ and $a_2=2$) then ($d=2$)。

Rule 3:if ($a_1=1$ and $a_2=3$)or($a_1=4$)or($a_3=3$ or $a_1=3$ and $a_2=1$)then ($d=3$);

Rule 4:if ($a_1=2$ and $a_2=2$) then ($d=4$)。

上述是使用粗糙集理论对加热温度相关规则的提取,下面使用同样方法提取冷却方式的相关规则,结果表明见表 5-7、表 5-8 和表 5-9。

表 5-7 冷却方式决策表

U	板形	板厚	余量	焰道数	冷却方式
x_1	帆形	薄板	2%	1	空冷
x_2	帆形	中厚板	3%	3	正面水冷
x_3	帆形	厚板	3%	2	背面水冷
x_4	鞍形	厚板	9%	6	背面水冷
x_5	鞍形	中厚板	5%	4	正面水冷
x_6	扭曲形	薄板	4%	2	正面水冷
x_7	扭曲形	薄板	4%	3	正面水冷
x_8	锥形	中厚板	11%	5	背面水冷
x_9	锥形	中厚板	10%	4	背面水冷
x_{10}	鞍形	中厚板	7%	5	正面水冷

续表

U	板形	板厚	余量	焰道数	冷却方式
x_{11}	帆形	中厚板	3%	3	正面水冷
x_{12}	扭曲形	厚板	5%	2	背面水冷

表 5-8　冷却方式信息决策表

U	a_1	a_2	a_3	a_4	a_4	d
x_1	1	1	2	1	1	1
x_2	1	2	2	2	2	2
x_3	1	3	2	1	1	3
x_4	2	3	4	2	3	3
x_5	2	2	4	3	2	2
x_6	3	1	2	2	1	2
x_7	3	1	3	1	2	2
x_8	4	2	4	2	3	3
x_9	4	2	4	3	2	3
x_{10}	2	2	4	3	3	2
x_{11}	1	2	3	2	2	2
x_{12}	3	3	2	2	1	3

表 5-9　冷却方式最小约简规则表

U	a_1	a_2	d
x_1	1	1	1
x_2	1	2	2
x_4	—	3	3
x_5	2	2	2
x_6	3	1	2
x_8	4	2	3
x_{12}	—	3	3

对表 5.9 中的最小约简决策规则进行合并、整理得出下列规则。

Rule 1：if($a_1=1$ and $a_2=1$)then($d=1$)。

Rule 2：if($a_1=1$ and $a_2=2$)or($a_1=2$ and $a_2=2$)or($a_1=3$ and $a_2=1$) then ($d=2$)。

Rule 3：if($a_2=3$)or($a_1=4$ and $a_2=2$) then ($d=3$)。

使用基于粗糙集理论的规则库知识获取算法，可以高效合理地获取加热温度决策规则、冷却方式决策规则和加热方式决策规则等加工参数决策规则，为专家决策系统的推理提供基础。

5.3 船体外板曲面成形决策系统的知识表示

船体外板曲面成形决策系统的知识表示是指以计算机能够理解的方式对加工信息进行准确的定义，并赋予一定的数学描述，然后对所定义的曲面成形加工信息，按照一定的数据结构形式进行存储，从而在计算机内部构造一个曲面成形加工模型。它不仅能将数据结构进行存储，还能对数据进行管理。

根据传统的计算机辅助工艺过程设计（Computer Aided Process Planning，CAPP）决策系统的知识表示方法，本研究也采用产生式表示法，再结合特征建模技术，提出一种基于船体外板曲面成形加工特征的知识表示方法。

5.3.1 加工规则知识及表示法

在船体外板曲面成形加工过程中，焰道轨迹推理的主要目标是在待加工钢板上确定加工时的焰道轨迹坐标以及焰道轨迹的先后加工次序。因此本研究以火工班工人对帆形、鞍形这两种板形钢板的焰道规划经验为依据，制定这两种板形钢板的焰道推理规则。

1. 帆形钢板焰道推理规则

对于帆形钢板的加工，一般遵循以下加工规则。

Rule 1：帆形钢板优先对纵向弯曲进行加工，其次为扭曲度加工，最后为横向弯曲加工。

Rule 2：帆形钢板的加工轨迹是从边界开始沿横向延伸到离中轴线距离为 d 的位置，且与中轴线成对称分布。

Rule 3：焰道轨迹离中轴线的距离为 d，其大小与板两边的纵向目标曲率和板中轴线的纵向目标曲率之间的差成正比。

Rule 4：单次加工时，焰道数量与目标曲面的弯曲高度成正比（经验计算公式为 $N = H / 0.02$，式中 N 为焰道数量，H 表示纵向方向上的弯曲高度，单位为m），但相邻焰道轨迹之间的距离必须大于 10 cm。

Rule 5：焰道轨迹应布置在存在纵向曲率偏差的地方。

Rule 6：焰道轨迹加热时，其加工方向从板的中部沿边界加工，且需要对称加工。

Rule 7：钢板上同一位置加工次数不能超过 3 次。

2. 鞍形钢板焰道推理规则

对于鞍形钢板的加工，一般遵循以下加工规则。

Rule 1：鞍形钢板优先对纵向弯曲进行加工，其次为扭曲度加工，最后为横向弯曲加工。

Rule 2：鞍形钢板的加工轨迹是从板的一边沿着横向延伸到板的另外一边，且轨迹与板的边界保持一定的距离。

Rule 3：焰道轨迹与板边界之间的距离，一般取板宽的 1/30~1/20，其大小与板两边的纵向目标曲率和板中轴线的纵向目标曲率之间的差成正比。

Rule 4：单次加工时，焰道数量与目标曲面的弯曲高度成正比（经验计算公式为 $N = H / 0.02$），但相邻焰道轨迹之间的距离必须大于 10 cm。

Rule 5：焰道轨迹应布置在存在纵向曲率偏差的地方。

Rule 6：按照焰道轨迹加热时，应严格按照加工方向和加工次序进行。

Rule 7：钢板上同一位置加工次数不能超过 3 次。

工艺规则采用的是 If…Then… 式的表达方法，可以快速锁定基本的推理规则，有效地缩小推理过程中的数据检索范围。

3. 加工方法判断规则

在实际生产过程中，在加工一块钢板之前，首先要判断其曲率类型。从专业造船软件中导出目标船板的三维数据图及其具体信息，对信息进行处理后可以判断目标钢板的高斯曲率，由此可以判断其为单曲率板还是双曲率板。对于单曲率板，只需要进行机械冷弯，不需要热加工；对于双曲率板，则先进行机械冷弯，再进行热加工（热弯）。据此，产生如下规则。

If(钢板为单曲率板)

　　Then(加工方式为机械冷弯)

If(钢板为双曲率板)

　　Then(加工方式为先冷弯再热弯)

机械冷弯是指通过三线辊加工装置对钢板进行机械弯曲，从而将钢板加工出需要的曲面形状。对于机械冷弯，加工时只需要提供辊弯半径；对于热加工，则需要智能决策支持系统进行推理并得出相关加工参数。

4. 帆形板加工特点

在船体外板曲面成形加工过程中，对于双曲率帆形板，一般以正面加工为主。加工帆形板时，其表面温度一般在 700 ℃以上，冷却方式采用水跟踪冷却，加工轨迹的起点一般为钢板表面的中部，加工轨迹的终点一般为钢板的边缘。加热线条数根据曲面弯曲程度进行调整，冷却水和加热火焰的间距（水火距）一般为 20~30 mm。由于帆形板两侧翘起，在进行船体外板曲面成形加工时，往往需要用木拖进行固定，避免钢板自身重量影响变形效果。

生成规则如下：

If(钢板为帆形板)

Then(火焰温度 > 700 ℃，由内向外开始加热，正面加热，20 mm < 水火距 < 30 mm)

5. 鞍形板加工特点

在船体外板曲面成形加工过程中，双曲率鞍形板一般以背面加工为主，其加工轨迹的起点一般在钢板的中轴线上，双焰枪同速度对称加热，以保证两侧加热均匀、温度一致；加热终点在钢板的边缘。一般情况下，鞍形板板材较厚，因此加工时的表面温度一般在 800 ℃以上，为保证完全加热透，一般加热速度较慢，加热方式一般为往返直线加热或者螺旋线加热。加热线条数根据曲面弯曲程度进行调整，一般加热线布置较为密集，每条线的间距应小于 5 cm，冷却水和加热火焰之间的距离（水火距）一般大于 30 mm。

生成规则如下：

If(船板为鞍形板)

Then(火焰温度 > 800 ℃，反面加热，慢速加热，螺旋线加热，水火距 > 30 mm)

5.3.2 特征元的构建

船体外板曲面成形加工所包含的信息可以分为三类：一是包含钢板形状、材质和期望变形量等信息在内的基本特征；二是包含加工阶段的燃气流量、热源移动速度和冷却水流量等信息的加工特征；三是与变形有关的变形特征。因此，本研究将船体外板曲面成形加工的信息划分为特征元、加工元和变形元三个层次。

1. 特征元的构成

一般来说，如钢板的长宽厚、材质等这些最基本的特征和钢板变形后期望达到的变形量特征称之为特征元。特征元构成了船体外板曲面成形的特征集合 F：

$$F = \{\boldsymbol{f}_1, \boldsymbol{f}_2, \cdots, \boldsymbol{f}_i, \cdots, \boldsymbol{f}_n\}$$

式中：$\boldsymbol{f}_i$ 表示钢板的第 i 个特征元；n 表示特征元的个数。

特征元是船体外板曲面的基本信息单元，包含了进行计算与工艺决策时所需要的所有基本信息。若用 $\boldsymbol{f}$ 表示钢板的一个特征元，根据其属性，可表示成为一个 5 维的特征向量：

$$\boldsymbol{f} = (f\_ID, f\_S, f\_M, f\_E, f\_O)$$

下面对这个特征向量的元素进行介绍。

1）f_ID 表示该特征元的编号，对于某块具体的钢板，所有特征元都有唯一的编号。

2）f_S 表示该特征元的形状特征，即钢板的形状特征，包括长度、宽度和厚度。因此，f_S 也可以表示成一个三元组：

$$f\_S = (f\_S\_L, f\_S\_W, f\_S\_H)$$

式中：f_S_L 表示钢板的长度；f_S_W 表示钢板的宽度；f_S_H 表示钢板的厚度。

3）f_M 表示该特征元的材质特征，包括钢板的含碳量、弹性模量、屈服应力、泊松比、热膨胀系数。因此，f_M 可以表示成一个五元组：

$$f\_M=(f\_M\_C, f\_M\_E, f\_M\_Y, f\_M\_C_{\mathrm{P}}, f\_M\_C_{\mathrm{T}})$$

式中：f_M_C 表示钢板的含碳量；f_M_E 表示钢板的弹性模量；f_M_Y 表示钢板的屈服应力；$f\_M\_C_{\mathrm{P}}$ 表示钢板的泊松比；$f\_M\_C_{\mathrm{T}}$ 表示钢板的热膨胀系数。

4）f_E 表示钢板的期望变形量，包括期望的钢板线变形和角变形，则 f_E 也可以表示成一个二元组：

$$f\_E=(f\_E\_D_{\mathrm{W}}, f\_E\_D_{\mathrm{a}})$$

式中：$f\_E\_D_{\mathrm{W}}$ 表示期望的线变形量；$f\_E\_D_{\mathrm{a}}$ 表示期望的角变形量（angular deformation）。

5）f_O 为该特征元的加工过程，即加工链，是一个加工工序的集合，且一个特征元有且仅有一条加工链。f_O 是连接特征元与加工元的过渡量，代表着这个特征元所对应的加工链。

2. 加工元的构成

对于钢板的每一个特征元 $\boldsymbol{f}_i$，一般都需要经过多道工序的加工完成，这就形成了一个加工工序序列的特征集合，即加工链 O：

$$O=\{o_{i1}, o_{i2}, \cdots, o_{ii}, \cdots, o_{im}\}$$

式中：o_{ii} 为特征元 $\boldsymbol{f}_i$ 的第 i 道工序，称为特征元 $\boldsymbol{f}_i$ 的一个加工元。

由此可以看出，船体外板曲面成形加工工艺路线是由各特征元的相应加工元按顺序组成而形成的。为了表示方便，本研究将加工元也统一编号，表示成：

$$\boldsymbol{O}=\{\boldsymbol{o}_1, \boldsymbol{o}_2, \cdots, \boldsymbol{o}_i, \cdots, \boldsymbol{o}_N\}^{\mathrm{T}}$$

式中：N 表示加工元的总数。

在确定特征元的加工工序序列时，采用正反推理的方法。首先根据期望变形量确定加工信息；然后由特征元的形状等特征确定加工链；最后通过计算得到预测变形量，并将预测得到的与期望变形量进行对比，检查是否符合要求，如符合则按确定的加工链进行加工，若不符合则重新推理，直至满足要求。

用 $\boldsymbol{o}$ 表示钢板的一个加工元，根据其属性，可表示成为一个 8 维的特征向量：

$$\boldsymbol{o}=\{o\_ID, o\_F, o\_H, o\_C, o\_L, o\_P, o\_d, o\_e\}$$

下面对这个特征向量的元素进行介绍。

1）o_ID 表示加工元编号，与特征元一样，对于某块具体的钢板，所有加工元都用唯一的编号来标识。

2）o_F 表示该加工元所属特征元。

3）o_H 表示加工元的加热特征，包括燃气流量和热源的移动速度，则 o_H 可以表示成一个二元组：

$$o\_H=(o\_H\_F_{\mathrm{G}}, o\_H\_V_{\mathrm{H}})$$

式中：$o\_H\_F_G$ 表示燃气流量；$o\_H\_V_H$ 表示热源的移动速度。

4）o_C 表示加工元的冷却特征，包括冷却水流量和冷却装置的移动速度，则 o_C 也可以表示成一个二元组：

$$o\_C=(o\_C\_F_W, o\_C\_V_C)$$

式中：$o\_C\_F_W$ 表示冷却水流量；$o\_C\_V_C$ 表示冷却装置的移动速度。

5）o_L 表示加工元中的加热线长度。

6）o_P 表示加热线位置的取点，一条加热线一般有 10 个取点位置，则 o_P 也可以表示成一个十元组：

$$o\_P=(o\_P_1, o\_P_2, \cdots, o\_P_{10})$$

7）o_d 表示该加工元所包含的变形元集合，是连接加工元与变形元的过渡量，包含着这个加工元进行加工后钢板所产生的变形量。

8）o_e 表示船体外板曲面成形加工后所产生的变形量允许的误差范围，它包括线变形和角变形这两个量的标准误差，则 o_e 也可以表示成一个二元组：

$$o\_e=(o\_e\_D_W, o\_e\_D_a)$$

式中：$o\_e\_D_W$ 表示线变形量的允许误差范围；$o\_e\_D_a$ 表示角变形量的允许误差范围。

3. 变形元的构成

根据加工元加工后的结果，需要进行测量并用具体的数值表现出来，从而得出钢板的变形量，称这些为变形元。又因为一条加热线会产生相应的线变形和角变形，所以，一个加工元由多个变形元组成。

用 $\boldsymbol{d}$ 表示钢板的一个变形元，根据其属性，可表示为一个 5 维的特征向量：

$$\boldsymbol{d}=\{d\_ID, d\_F, d\_O, d\_R, d\_E\}$$

下面对这个特征向量的元素进行介绍。

1）d_ID 为变形元编号，对于某块钢板，所有变形元都用唯一的编号来标识。

2）d_F 表示该变形元所属的特征元。

3）d_O 表示该变形元所属的加工元。

4）d_R 表示钢板的实际变形量，包括钢板实际的线变形和角变形，则 d_R 可以表示成一个二元组：

$$d\_e=(d\_R\_D_W, d\_R\_D_a)$$

式中：$d\_R\_D_W$ 表示实际的线变形量；$d\_R\_D_a$ 表示实际的角变形量。

5）d_E 表示钢板的误差变形量，即期望变形量与实际变形量之间的差值，包括钢板的线变形和角变形的误差变形量，则 d_E 也可以表示成一个二元组：

$$d\_E=(d\_E\_D_W, d\_E\_D_a)$$

式中：$d\_E\_D_W$ 表示期望与实际的线变形量误差；$d\_E\_D_a$ 表示期望与实际的角变形量误差。

4. 特征元、加工元和变形元之间的关系

由上述元的划分与描述可知，不同钢板根据其特征被标记成若干个特征元，每个特征元根据其加工链可以被划分成若干个加工元，每个加工元根据其加工效果可被分成若干个变形元。三者之间的关系如图 5-7 所示。

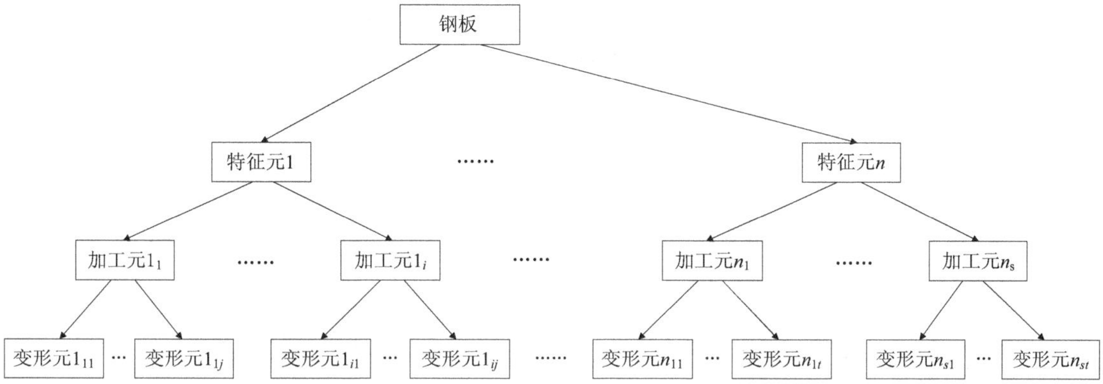

图 5-7　特征元、加工元与变形元之间的关系

5. 知识表示实例

以一块 1 000 mm × 1 000 mm 的钢板为例，具体介绍基于特征的船体外板曲面成形的知识表示方法。

（1）划分特征元

根据钢板的特征，可将其分为 11 个特征元，如表 5-10 所示。

表 5-10　特征元的划分

特征元	解释	内容
f_1	编号	001
f_2	长度	1 000 mm
f_3	宽度	1 000 mm
f_4	厚度	16 mm
f_5	含碳量	0.2%
f_6	弹性模量	206 GPa
f_7	屈服应力	245 MPa
f_8	泊松比	0.3
f_9	热膨胀系数	12.1~13.5
f_{10}	期望线变形	1.52
f_{11}	期望角变形	0.18

（2）确定加工方式

根据特征元内的期望线、角变形等特征，用推理机推理出加工参数和加工轨迹。钢板的加工方式分为冷弯和热弯，而针对上述钢板采用热弯方式进行加工。

（3）加工元的生成

结合该钢板的特征元和加工方式，就可得出其加工元，如表 5-11 所示。

表 5-11　加工元的生成

加工元	解释	内容
o_1	编号	001-1
o_2	乙炔流量	1805 L/h
o_3	加热速度	4.0 mm/s
o_4	加热次数	5
o_5	水流量	1.6 m^3/h
o_6	冷却装置速度	4.0 mm/s
o_7	加热线长度	1 000 mm
o_8	加热线位置	距板左边缘 0.5 m
o_9	线变形允许误差	5%
o_{10}	角变形允许误差	10%

5.4　知识库的实现

为了提高知识库对知识的检索和利用效率，需要对船体外板类的相关信息分门别类地进行存储。由于关系数据库拥有一套完整的关系理论基础，并已成功应用于许多大型项目的知识库，其强大的检索、组织、保存和管理功能是一般数据库系统所不具备的。因此，本研究采用 MySQL 数据库作为决策系统知识库的载体，把专家知识存储在相应的对象表中。下面按照对象类的不同，设计决策系统知识库。

1. 船体外板信息表

船体外板信息表主要储存船体外板在整个成形生产链上的信息，如编号、操作员、完成时间等，详细信息分别储存在各子对象类中，通过数据表的外键建立联系，信息表如表 5-12 所示。

表 5-12　船体外板信息表

ShipPlate_id	Int	船体外板标识符
ShipPlate_number	Varchar(6)	船体外板编号
Group_number	Varchar(10)	操作员工号
Finish_time	datatime	完成时间

续表

Item_id	Int	属性表标识符
Process_id	Int	加工表标识符
Shape_id	Int	成形表标识符

2. 船体外板基本属性表

船体外板基本属性表主要储存船体外板本身的设计信息，如船体外板的材质、厚度、肋骨线数量等。基本属性表通过属性表标识符与信息表建立一一对应的关系，其数据主要用于推理机制的案例匹配，基本属性表如表 5-13 所示。

表 5-13　船体外板基本属性表

Item_id	Int	属性表标识符
ShipPlate_id	Int	船体外板标识符
PlateThickness	Varchar(4)	板厚
PlateLength	Varchar(10)	板长
PlateWidth_min	Varchar(6)	最小板宽
Platewidth_max	Varchar(6)	最大板宽
FeatureLine_number	Int	肋骨线数量
ShipPlateType	Varchar(30)	余量
PlateMaterial	Varchar(20)	船体材质

3. 船体外板加工表

船体外板加工表主要储存船体外板的加工参数，如加热温度、冷却方式、加热方式等。加工表的数据可以通过规则库里的规则知识推理出来，也可以人工输入，加工表标识符与信息表建立一一对应的关系，其数据主要用于推理机制的加工方案推理的知识基础，加工表如表 5-14 所示。

表 5-14　船体外板加工表

Process_id	Int	成形表标识符
ShipPlate_id	Int	船体外板标识符
FlamePath_id	Int	焰道表标识符
Temperature	Varchar(6)	加热温度
Speed	Varchar(6)	加热速度
HeatType	Varchar(8)	加热方式
Coolingtype	Varchar(8)	冷却方式
WaterFireDistance	Varchar(6)	水火距

续表

Checknumber	Varchar(10)	审核员工号
Checktime	datetime	审核时间

4. 焰道布置表

焰道布置表主要储存船体外板的焰道布置信息,如焰道点的三维坐标、焰道点加工顺序等。焰道布置表与信息表不建立联系,只与加工表的焰道表标识符建立一一对应的关系,其数据主要用于推理机制的加工方案推理的知识基础。焰道布置表和加工表共同组成完整的加工方案信息,焰道布置表如表 5-15 所示。

表 5-15 焰道布置表

FlamePath_id	Int	烟道表标识符
FlamePoint	Varchar(20)	焰道点坐标
IsHorizontal	Int	是否横向焰道点
IsVertical	Int	是否纵向焰道点
IsDistorted	Int	是否扭曲焰道点
Sequence	Int	焰道点顺序
IsStart	Int	是否焰道点起点
IsEnd	Int	是否焰道点终点

5. 船体外板成形表

船体外板成形表主要储存船体外板的成形信息,如横向成形度、纵向成形度等。成形表的数据主要由检测系统给出,其通过成形表标识符与信息表建立一一对应的关系,成形表如表 5-16 所示。

表 5-16 船体外板成形表

Shape_id	Int	成形表标识符
ShipPlate_id	Int	船体外板标识符
HorizonDeformation	Varchar(6)	横向成形度
VerticalDeformation	Varchar(6)	纵向成形度
DistortedDeformation	Varchar(6)	扭曲成形度
ShipPlateDate	text	成形目标数据
ShapeDeformation	Varchar(4)	整体成形度
Checknumber	Varchar(8)	审核员工号
Checktime	datetime	审核时间

图 5-8 更好地说明了各数据表之间的联系和决策系统知识库的层次性。

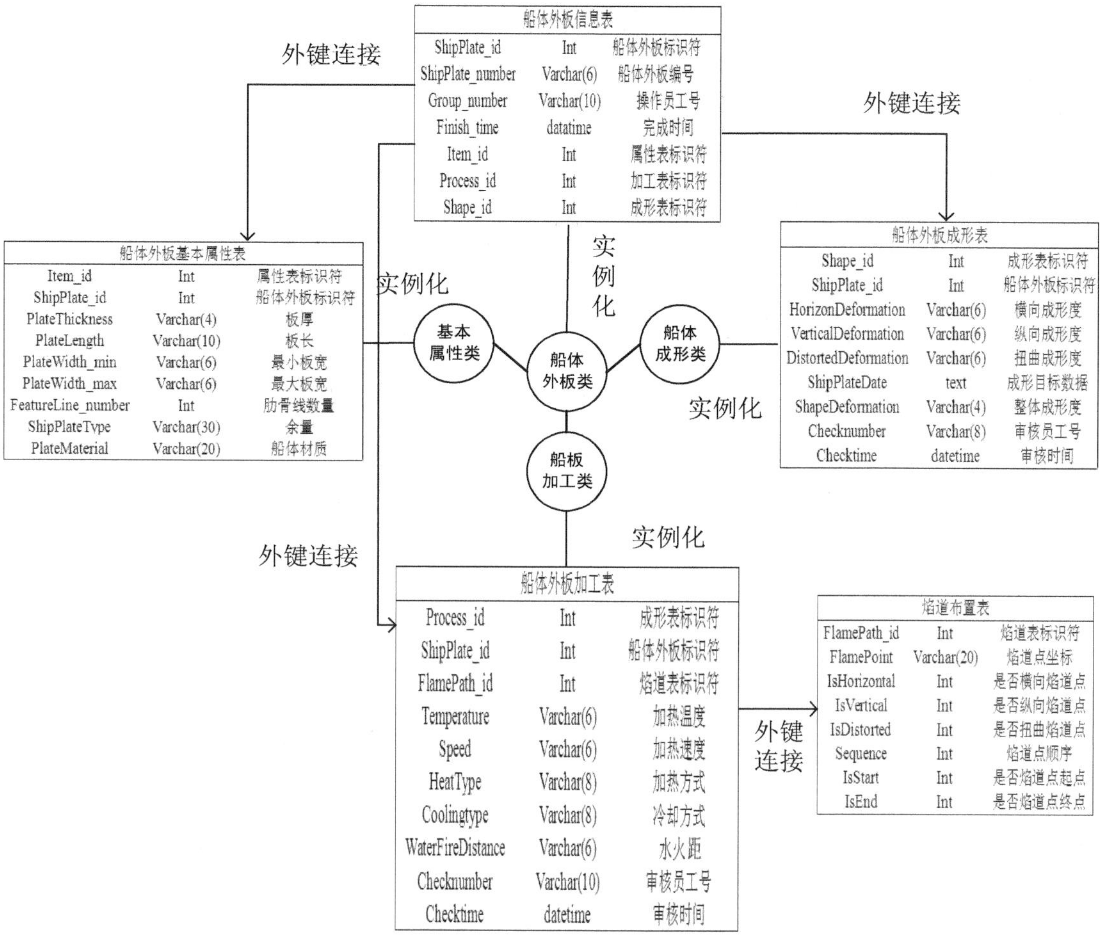

图 5-8　数据表结构关系图

5.5　知识库的维护和管理

通过上述知识的获取，可以清楚地了解到知识基本都是从大量的现场数据和经验数据中提取出来的。为此，在决策系统知识库构建初期，需要收集大量的现场数据和经验数据。然而技术人员的加工风格和经验各异，对于同一块船体外板，不同技术人员通常会得出有一定差异的加工方案，甚至部分方案是加工失误后的修正措施，这导致所获取的知识可能会产生谬误。此外，随着知识库的扩展，知识之间可能出现分歧，影响推理结果。因此，构建决策系统知识库时，需要根据不同的知识对自身的知识库进行修正，以保证知识的完备性。为此，本研究采用粗糙隶属函数对知识的可信度进行计算，删除可信度不能满足要求的规则，减少知识库的冗余，实现对船体外板曲面成形专家系统知识库的有效维护。

在基于粗糙集理论的知识获取中，最终获得产生式规则 If A Then B 来描述一条规则知识。但所获取的规则存在条件不完备或结论分歧等问题，需要确定该规则的可信度，本研究采用粗糙隶属函数确定规则的可信度，具体方法如下。

设 Rule：If A Then B 为基于粗糙集理论提取的规则，其中前提条件 A 涉及的属性子集为 R，则规则可信度定义为

$$CF(Rule)=CF(B,A)=\frac{Card(Y\cap[X]_R)}{Card([X]_R)} \tag{5.19}$$

式中：Y 为满足结论为 B 的信息表记录集合；X 为满足前提条件 A 的任一条记录，因此等价类 $[X]_R$ 表示所有满足前提条件 A 的记录集合，显然 $0\leqslant CF(B,A)\leqslant 1$。

以规则表表 5-6 规则表作为知识库的样本，添加新获取的决策信息 x_{13}、x_{14}、x_{15}、x_{16}、x_{17} 作为知识库的扩充，具体知识库维护的决策规则表如表 5-17 所示。

表 5-17　知识库维护的决策规则表

U	a_1	a_2	a_3	d
x_1	1	1	—	1
x_1'	1	—	2	1
x_2	—	2	2	1
x_3	1	3	—	3
x_4	—	3	4	5
x_4'	2	3	—	5
x_5	2	2	—	4
x_6	—	1	2	1
x_7	—	1	3	3
x_7'	3	1	—	3
x_8	4	—	—	3
x_{11}	—	2	3	2
x_{12}	3	3	—	2
x_{13}	1	1	—	1
x_{14}	2	1	—	1
x_{15}	1	1	—	2
x_{16}	1	3	—	2
x_{17}	1	3	—	2

若新加入的决策信息条件部分与样本相同，但结论不一致，则计算两者的可信度并保留可信度高的决策信息。若新加入的决策信息条件部分与样本不相同，默认可信度为 1。因此，可以求出：

$$CF(x_1)=\frac{Card(\{x_1,x_1',x_2,x_{13},x_{14}\}\cap\{x_1,x_{13},x_{15}\})}{Card(\{x_1,x_{13},x_{15}\})}=\frac{2}{3}$$

$$CF(x_{15})=\frac{Card(\{x_{11},x_{12},x_{15},x_{16},x_{17}\}\cap\{x_1,x_{13},x_{15}\})}{Card(\{x_1,x_{13},x_{15}\})}=\frac{1}{3}$$

$$CF(x_3)=\frac{Card(\{x_3,x_7',x_7,x_8\}\cap\{x_3,x_{16},x_{17}\})}{Card(\{x_3,x_{16},x_{17}\})}=\frac{1}{3}$$

$$CF(x_{16})=\frac{Card(\{x_{11},x_{12},x_{15},x_{16},x_{17}\}\cap\{x_3,x_{16},x_{17}\})}{Card(\{x_3,x_{16},x_{17}\})}=\frac{2}{3}$$

如果决策信息 x_1 的可信度比 x_{15} 高，说明 x_{15} 可能源于错误或出现频率较低的数据，予以删除；如果 x_1 的可信度比 x_{15} 低，说明原知识库不完善，将用可信度高的知识代替可信度低的知识，有利于提高推理结果的可靠性，实现知识库的维护。

第 6 章 船体外板二次加工参数规划技术

复杂的船体外板一般需要多次成形加工才能达到目标曲面的形状。由于机器设备的局限性,必然会出现局部欠加工的情况。因此,需要对船体外板进行二次加工。本章针对船体外板二次加工参数的制定问题,研究船体外板成形评价方法,全面分析船体外板当前的成形情况,提出二次加工参数规划方法,根据历史加工数据和船体外板曲面形变预测模型,对船体外板成形不足的区域进行参数推理。

6.1 船体外板成形评价技术

本节主要针对船体外板成形评价问题,研究船体外板目标曲面重构技术。本节根据船体外板目标曲面的设计文件,重构出目标曲面的三维轮廓;提出曲面法矢量特征匹配技术,实现船体外板加工曲面与目标曲面之间的匹配;提出船体外板偏差分解式成形评价理论,实现船体外板总体、横向弯曲、纵向弯曲和扭曲度的成形评价。

6.1.1 目标曲面重构技术

通过读取船体外板曲面的 DXF 设计文件,能够实现船体外板曲面的重构。但在一般情况下,目标曲面的 CAD 文件只包含几条肋骨线的数据,会对成形评价的效果造成一定影响。因此本研究通过多项式曲线插值技术,对目标曲面进行重构,提升其网格数量。具体的重构过程如下。

首先,通过读取 DXF 文件,获得目标曲面的网格点坐标:

$$(x_{ij}, y_{ij}, z_{ij}) \quad (i=1,2,\cdots,M; j=1,2,\cdots,N)$$

式中:i, j 表示行数和列数。

接着,对每一行(沿 X 轴变化的方向)网格点进行插值增加数据量。具体的行数据插值过程如下。

Step 1:分别记录第 i 行网格点的 X、Y、Z 坐标,并按列排序生成第 i 行网格点的 X、Y、Z

坐标序列。

Step 2：计算 X 坐标序列的最大值和最小值，然后在这之间插入 N_p-2 个点形成新的 X 坐标序列。

Step 3：对原来的 X 和 Y 坐标序列进行样条曲线拟合，然后用新的 X 坐标序列代入拟合方程，得到新的 Y 坐标序列。

Step 4：对原来的 X 和坐标 Z 序列进行样条曲线拟合，然后用新的 X 坐标序列代入拟合方程，得到新的 Z 坐标序列。

Step 5：将每一行网格点拟合生成的新 X、Y、Z 坐标序列，按空间排序，形成新的网格点坐标。

Step 6：在行数据插值的基础上对每一列（沿 Y 轴变化的方向）网格点数量进行插值，增加数据量；其过程与行数据插值过程类似，只是将所有数据处理过程中的 X 和 Y 互换即可。

经过两次数据插值后，整体曲面会变得平滑，更有利于提高成形评价的效果。

6.1.2　目标曲面匹配技术

由于船体外板的目标曲面数据和加工曲面数据是由不同系统生成的，因此坐标系并不一致，难以直接比较。对此，本研究提出一种基于曲面特征坐标系的曲面匹配方法。该方法的核心思想是在外板加工曲面上找到若干个曲面特征，进而建立一个曲面特征系，然后将目标曲面转换到曲面特征系下，实现曲面匹配。具体的方法流程如下。

Step 1：提取船体外板加工曲面特征。提取加工曲面和目标曲面的中心点坐标、中心点坐标对应的法向量、曲面的中轴线。

Step 2：目标曲面中心平移。将目标曲面的中心点平移到加工曲面的中心点处。

Step 3：中轴线对齐。根据加工曲面的中轴线，对目标曲面进行坐标旋转操作，使目标曲面与加工曲面的中轴线空间平行。

Step 4：中心法向量对齐。根据加工曲面上的中心法向量，继续对目标曲面进行坐标旋转操作，使目标曲面与加工曲面的中心法向量对齐。

6.1.3　加工曲面成形评价

根据船体外板成形加工工艺，船体外板二次加工参数的制定需要根据曲面在横向、纵向和扭向三个方向的成形情况进行判定。对此本研究提出一种船体外板曲面偏差分解成形评价方法。该方法先计算加工曲面与目标曲面各点之间的偏差量；然后利用偏差分解方法对总体偏差云图进行分解；最后给出成形率的计算方法和成形评价指标及标准。具体评价方法如下。

1. 总体偏差计算

通过曲面重构和曲面匹配，船体外板的目标曲面和加工曲面的网格点数量和分布基本一致，坐标系相同。此时，可利用空间两点距离的计算公式计算加工曲面（被检测曲面）各点到目标曲面的偏差分布情况。

$$\Delta d_{ij} = \pm\sqrt{(x_{ij}^{\mathrm{l}} - x_{ij}^{\mathrm{m}})^2 + (y_{ij}^{\mathrm{l}} - y_{ij}^{\mathrm{m}})^2 + (z_{ij}^{\mathrm{l}} - z_{ij}^{\mathrm{m}})^2} \tag{6.1}$$

式中：$(x_{ij}^{\mathrm{l}}, y_{ij}^{\mathrm{l}}, z_{ij}^{\mathrm{l}})$ 和 $(x_{ij}^{\mathrm{m}}, y_{ij}^{\mathrm{m}}, z_{ij}^{\mathrm{m}})$ 分别为目标曲面和加工曲面上第 i 行第 j 列的网格点坐标；等式右侧正负号的取值由两者的 z 值大小决定，如果 $z_{ij}^{\mathrm{l}} > z_{ij}^{\mathrm{m}}$ 则取正号，否则取负号。

2. 偏差分解

加工曲面的成形评价应包括横向弯曲成形评价、纵向弯曲成形评价和扭曲度成形评价。对此本研究采用目标曲面的曲面分解方法对总体偏差云图进行分解，得到横向、纵向和扭曲偏差。具体分解方法如下。

首先，逐行提取总体偏差云图上的偏差曲线，然后对每条偏差曲线进行最小二乘三阶多项式拟合，得到偏差曲线的拟合曲线方程：

$$\Delta d_i'(x_i) = A_i \cdot x_i^3 + B_i \cdot x_i^2 + C_i \cdot x_i + D_i \tag{6.2}$$

然后，根据曲面分解思想以及式（6.2）中各拟合参数的意义，将式（6.2）分解成下式：

$$\begin{cases} \Delta x_i(x_i) = A_i \cdot x_i^3 + B_i \cdot x_i^2 \\ \Delta y_i(x_i) = D_i \\ \Delta t_i(x_i) = C_i \cdot x_i \end{cases} \tag{6.3}$$

式中：Δx_i，Δy_i 分别为横向、纵向上的偏差；Δt_i 为扭曲偏差。

最后，将分解后的拟合曲线按顺序重组，形成横向、纵向和扭曲偏差云图。

3. 成形率计算

假定原始加工钢板的成形率为 0%，加工成目标钢板形状时成形率为 100%。以此作为标准，本研究定义加工过程中各点的成形率为

$$R_{\mathrm{p}}(\%) = 1 - \Delta d / D \tag{6.4}$$

式中：Δd 为加工曲面到目标曲面的偏差量；D 为目标形变量。

在本研究中，利用式（6.4）计算各点的总体成形率时，Δd 为总体偏差云图上的偏差量，D 为目标曲面（曲面匹配后）上各个网格点的 z 值；计算各点的各向成形率时，Δd 为各向偏差云图上的偏差量，D 为利用上述偏差分解方法对目标曲面进行分解后，各向分解曲面的 z 值。

4. 成形评价指标

本研究结合船体外板曲面成形工艺制定的成形评价指标如下。

1）总体最大偏差（$\Delta D_{\max}$）：总体偏差分布图中偏差量最大点的偏差值。

$$\Delta D_{\max} = \pm \max\{|\Delta d_{ij}| \mid (i = 1, 2, \cdots, N; j = 1, 2, \cdots, M)\} \tag{6.5}$$

2)横向弯曲最大偏差(Δx_{max}):横向弯曲偏差分布图中偏差量最大点的偏差值。

$$\Delta x_{max} = \pm \max\{|\Delta x_{ij}| \mid (i=1,2,\cdots,N; j=1,2,\cdots,M)\} \tag{6.6}$$

3)横向弯曲平均偏差(Δx_{ave}):横向弯曲偏差分布图的平均偏差。

$$\Delta x_{ave} = \frac{1}{N \cdot M}\sum_{i=1}^{N}\sum_{j=1}^{M}\Delta x_{ij} \tag{6.7}$$

4)纵向弯曲最大偏差(Δy_{max}):纵向弯曲偏差分布图中偏差量最大点的偏差值。

$$\Delta y_{max} = \pm \max\{|\Delta y_{ij}| \mid (i=1,2,\cdots,N; j=1,2,\cdots,M)\} \tag{6.8}$$

5)纵向弯曲平均偏差(Δy_{ave}):纵向弯曲偏差分布图的平均偏差。

$$\Delta y_{ave} = \frac{1}{N \cdot M}\sum_{i=1}^{N}\sum_{j=1}^{M}\Delta y_{ij} \tag{6.9}$$

6)最大扭曲角度(ΔA_{max}):扭曲偏差分布图上第一条扭曲直线与最后一条扭曲直线之间的夹角。

$$\Delta A_{max} = \arctan C_{N_p} - \arctan C_1 \tag{6.10}$$

5. 成形评价标准

由于船体外板曲面的形状会在船体外板自身重力的作用下发生形变,且船体外板曲面加工后存在回弹现象,使得加工曲面不可能 100% 与目标曲面重合。对此,本研究结合技术人员的成形评价经验,制定表 6-1 所示的成形评价标准表。该表主要是根据船体外板的实际加工精度要求制定的。在表 6-1 中,L_p 表示船体外板曲面的长度,W_p 表示船体外板曲面的宽度。当加工的船体外板满足表中的任何一条规则时,则可认为加工完成。

表 6-1　成形评价标准表

序号	W_p	L_p	Δx_{max}	Δx_{ave}	Δy_{max}	Δy_{ave}	ΔA_{max}
1	<2 m	2~5 m	<4 mm	<2 mm	<10 mm	<5 mm	<1.5°
2	<2 m	5~10 m	<4 mm	<2 mm	<15 mm	<8 mm	<1.5°
3	<2 m	>10 m	<4 mm	<2 mm	<20 mm	<10 mm	<1.5°
4	2~5 m	2~5 m	<8 mm	<4 mm	<10 mm	<5 mm	<1°
5	2~5 m	5~10 m	<8 mm	<4 mm	<15 mm	<8 mm	<1°
6	2~5 m	>10 m	<8 mm	<4 mm	<20 mm	<10 mm	<1°

6.2　二次加工参数规划技术

焰道轨迹的二次规划方法是解决多次焰道规则推理导致外板局部过度加工或欠加工的关键技术。对此本研究提出一种基于角变形模型的轨迹规划方法。该方法先利用历史加工数据计算出历史加工参数所产生的实际角变形量;然后以加工曲面的成形评价结果作为推理依据,通过角变形模型规划出加工曲面二次加工时的焰道轨迹。该方法的具体技术细节如下。

1. 实际角变形量计算

通过历史数据库,可以获取船体外板曲面加工过程中的各种历史数据,然后通过对这些历史数据进行分析,得到历史加工所产生的形变量,从而为船体外板的二次加工参数推理提供依据。因此,本研究提取船体外板加工前和加工后的测量数据和加工时的焰道轨迹,并将其作为分析数据,计算船体外板的实际形变量以及每条焰道所产生的角变形量。具体的计算及分析过程如下。

假定通过历史数据库获取到最近一次加工时,船体外板加工前和加工后的曲面网格数据以及焰道轨迹数据。定义 A 点为焰道轨迹上的一个点, B 点和 C 点分别是位于加工曲面上与 A 点的连线距离为 15 cm 且垂直于焰道轨迹的点,则此时每条焰道所产生的角变形量的计算公式为

$$\Delta\theta = \frac{1}{n}\sum_{i=1}^{n}\left[\arccos\frac{AB_i^2 + AC_i^2 - BC_i^2}{2AB_i \cdot AC_i} - \arccos\frac{AB_i'^2 + AC_i'^2 - BC_i'^2}{2AB_i' \cdot AC_i'}\right] \tag{6.11}$$

式中:AB_i,AC_i和BC_i分别表示焰道第 i 个离散点 A 点和 B 点, A 点和 C 点, B 点和 C 点的连线长度。

2. 二次加工轨迹规划

根据上文对历史加工参数的学习可知,每条焰道轨迹都会使钢板发生一个角变形。假设可将钢板的截面等效为一条直线,并在钢板上等间距布置 3 条焰道(用直线上的圆点表示)。假定每条焰道产生的角变形量为 θ,则钢板加工前后的结果如图 6-1 所示。

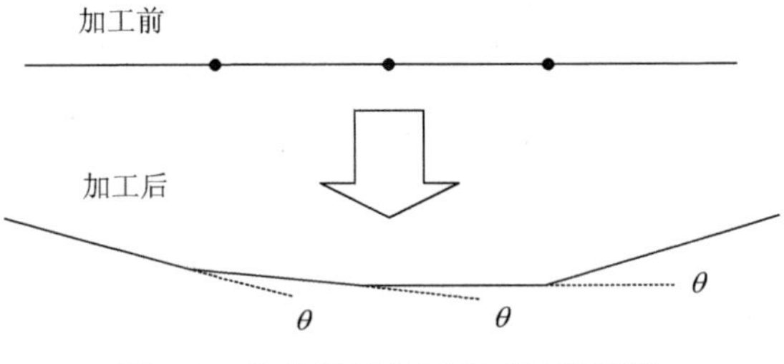

图 6-1 船体外板曲面成形过程示意

因此本研究根据图 6-1 所描述的船体外板曲面变形模型,结合实际角变形量计算结果和成形评价技术,反推出船体外板二次加工时的焰道轨迹。具体的推理计算过程如下。

假定对初次加工后的船体外板进行成形评价,得到总体偏差分布图。根据偏差分解技术对目标曲面和加工曲面之间的偏差云图进行分解。此处考虑到一般在实际的船体外板曲面加工过程中,扭曲度和纵向曲率是一起加工实现的,因此,本研究将扭曲偏差和纵向偏差

结合到一起，只将偏差曲面分解成横向和纵向两个方向。例如，图 6-2 所示的偏差云图分解后的结果如图 6-3 和图 6-4 所示

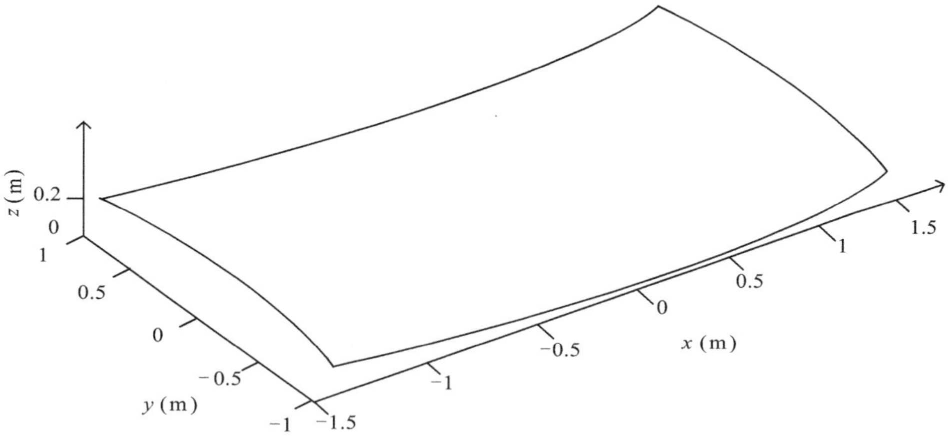

图 6-2　船体外板初次加工后的偏差分布情况

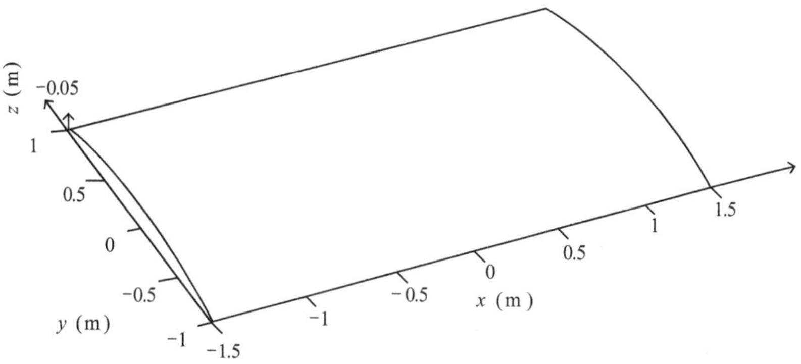

图 6-3　横向偏差分布

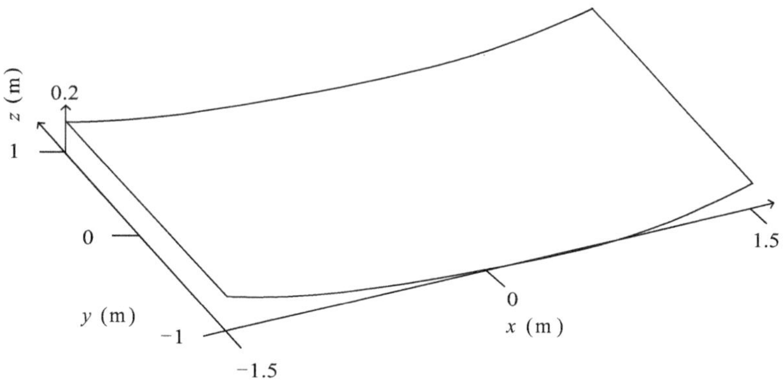

图 6-4　纵向偏差分布

接着提取横向偏差分布的每一列和纵向偏差分布的每一行，形成一条偏差曲线。此时通过计算偏差曲线各点的法向量，以曲线首个点作为参考点即可得到加工曲面上的目标角变形量分布情况。例如，对图 6-4 所示的纵向偏差分布图的首行进行相关计算后，得到的结果如图 6-5 和图 6-6 所示。

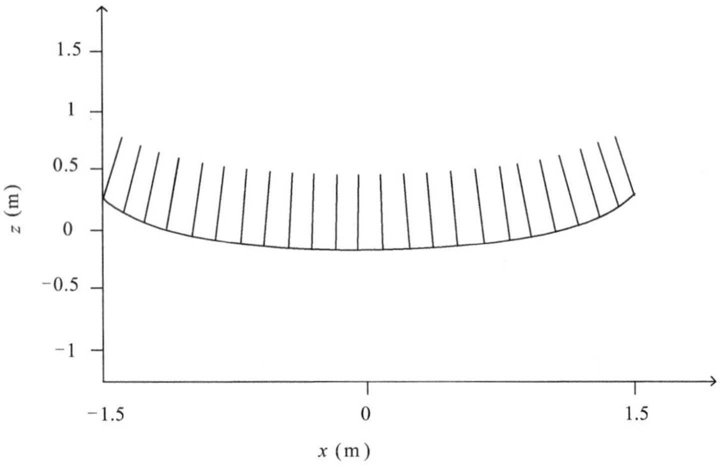

图 6-5 偏差曲线法向量变化情况

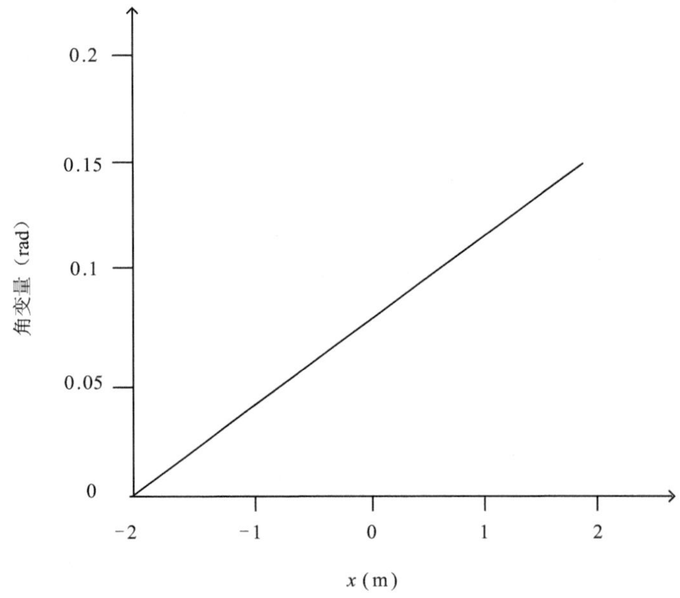

图 6-6 目标角变形量分布情况

根据历史加工参数得到的每条焰道的实际角变形量 θ_r，在目标角变形量分布曲线上找到与 θ_r 为倍数关系的关键控点，然后投影到加工曲面上得到焰道轨迹。假定经初次加工后，可得单条焰道的角变形量，再对图 6-3 和图 6-4 偏差图进行焰道规划后，结果如图 6-7 和图 6-8 所示。

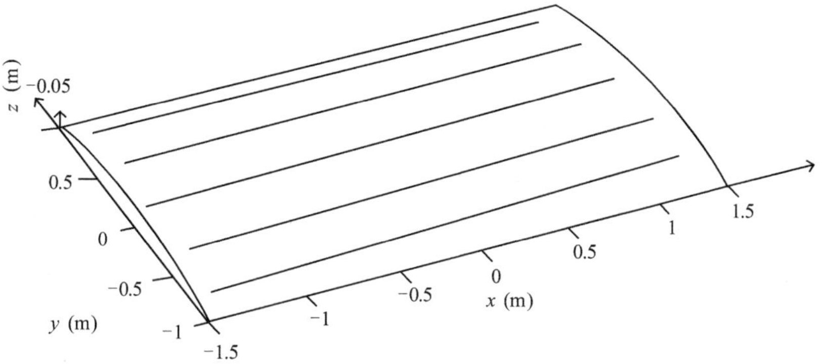

图 6-7　横向偏差焰道规划结果

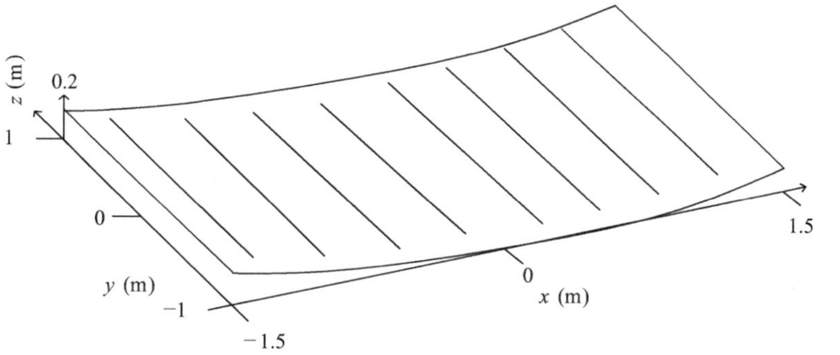

图 6-8　纵向偏差焰道规划结果

最后根据专家规则对二次焰道规划结果进行检测。判断应采取横向焰道还是纵向焰道进行下次加工，焰道之间的间隔是否符合决策规则，轨迹形状是否符合决策规则。

第 7 章 智能决策支持系统推理机的设计

本研究建立了一个基于知识的智能决策支持系统(简称“决策系统”),其流程包括三大部分:知识获取、知识表示和知识运用。第 3 章已经就该决策系统的知识获取和知识表示进行了详细说明,本章将重点介绍决策系统的最后一部分——知识运用(决策系统的推理机制)。在船体外板曲面成形加工现场,当技术人员接触到要加工的船体外板时,他会回忆是否曾加工过类似的船体外板,思考当时需要注意的事项或者加工方案能否适用。为了模拟技术人员的思维方式,决策系统采用融合案例推理和规则推理的推理机制,提取目标案例的特征信息后,按照相关的检索方法从案例库中匹配出相似的历史案例,依据当前实际情况对匹配案例的加工方案进行修改,最终得出可行的目标案例加工方案。对于在案例库中无法匹配到相似案例的船体外板,决策系统使用板展开法,获得加工轨迹与加工参数。

7.1 融合案例推理和规则推理的推理机制

决策系统的推理机制采用“案例推理为主,规则推理为辅”的方法,将二者从机理内部相互融合,而不采用传统的串行结合方式。案例推理和规则推理的融合推理机制,要求在检索、重用、修改、学习这四个阶段,案例推理都与规则推理交互、协同工作。在不影响各自独立性和完整性的前提下,通过规则推理调度系统访问规则库。规则推理是否及何时被调用取决于案例推理对规则推理调度系统的请求。融合推理机制的框架如图 7-1 所示。融合推理机制的关键技术包括以下三个部分。

1. 目标案例的特征信息提取

一个船体外板案例包含了各种各样的参数信息,为了满足案例检索对准确性和快速性的要求,需要对不同类型和性质的参数信息进行参数化处理,以提取关键特征信息。特征信息的提取要保证充分涵盖船体外板的所有重要信息,又要保证其数量足够少,能够与高效的推理机制密切结合。

2. 案例检索

案例检索是融合推理机制的核心,案例检索算法必须深深地植根于案例的特征信息。

只有在充分利用特征信息的基础上,案例检索才有可能保证其匹配案例的准确性和检索过程的高效性。

3. 案例修改

在实际船体外板曲面成形现场,规格完全相同的船体外板几乎不存在,这决定了融合推理机制需要有足够强大的加工方案修改功能。案例修改主要是在匹配案例的加工方案基础上进行的,依据规则库的相关规则对原加工方案部分不合适的加工参数进行修改,以适应不同的船体外板,同时允许技术人员自行修改加工参数。

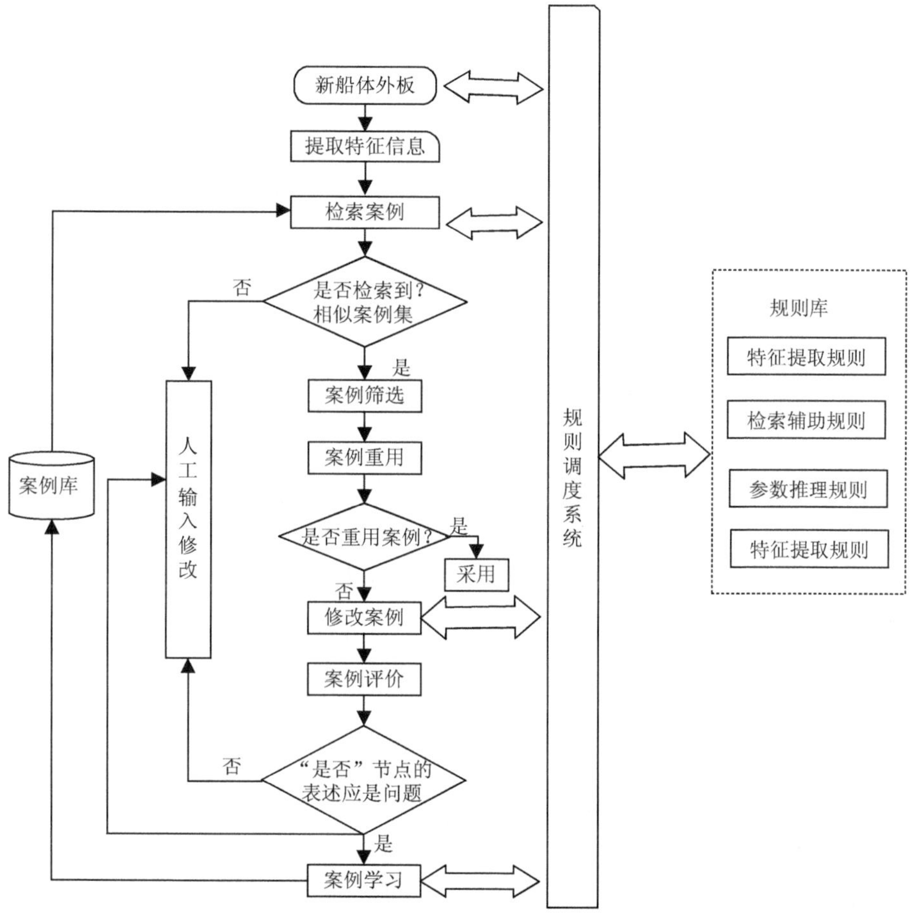

图 7-1　融合推理机制框架

7.1.1　基于灰关联分析的混合检索算法

由于板形存在不同,各种船体外板焰道布置特点也会存在差异。这为融合推理机制的案例检索提供了一个不错的思路,先采用分层检索法对目标案例的特征信息进行计算分析以划分板形;然后根据划分结果,检索案例库中与其相对应的子案例库,确定相似案例集;最后采用灰关联分析法，在相似案例集中匹配与目标案例最相似的历史案例。这种基于灰关联分析的混合检索算法可以发挥各步骤的优点，缩小了目标案例的检索和匹配工作量，大大提高了案例检索的效率和准确性。

1. 分层索引检索原理

在船体外板曲面成形现场，焰道布置可以简单地根据偏差量的正负，分为正面焰道和反面焰道，也可以直接根据板形划分焰道。基于上述分类特点，可以将偏差量和板形作为关键特征索引，对大量历史案例进行划分，从而构建案例库和分层索引机制，特征索引树如图7-2所示。

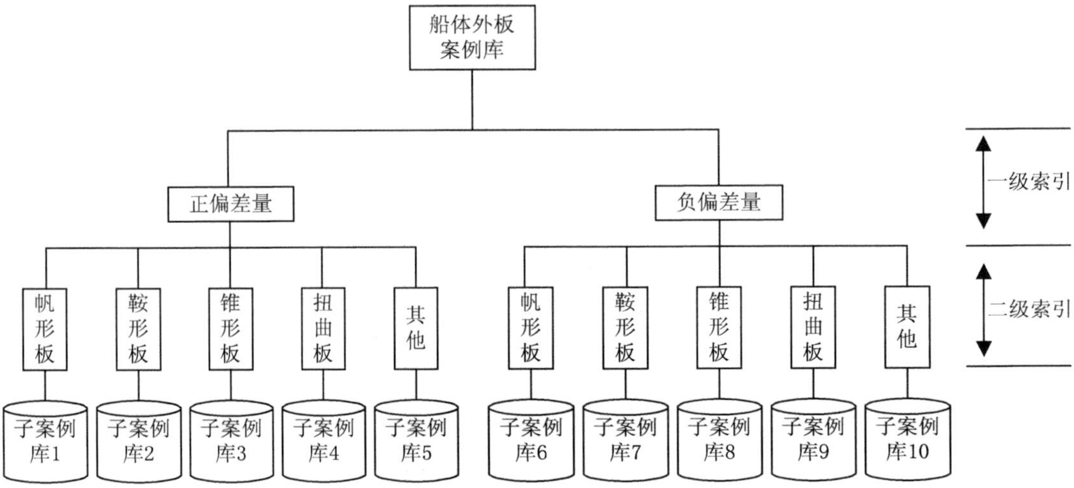

图 7-2 案例库特征索引树

当一个新的船体外板需要加工时，决策系统会将其信息按照规定的案例表示方式录入数据库，然后提取特征信息进行分层索引检索。分层索引检索是从索引树的根节点开始的，将目标案例的关键特征和索引树上的树节点比较，如果目标案例特征向量与某个树节点的特征一致，则再与该节点的所有下层节点进行比较，直至匹配到叶节点。

2. 分层索引检索代码

采用分层索引检索方法，可以快速找到与目标案例相同或相近的子案例库，有效缩小目标案例匹配的范围，其算法伪代码如下。

```
CreatClass( data ){
  Info=[Deviation,FirstLine,MiddelLine,LastLine];// 设置目标案例特征向量
  If( info[0]>0 )then{classNumber=0}else{classNumber=5};// 一级索引划分
  Calulate( info[1],info[2],info[3] ){  // 调用规则函数通过形参划分板形;
    Return Shape;// 返回板形结果
```

```
    }
    Switch( shape ){// 根据板形选择子案例库
      Case "sail" : classNumber=classNumber+1 ; break ;
      Case "saddle" : classNumber=classNumber+2 ; break ;
      Case "distord" : classNumber=classNumber+3 ; break ;
      Case "taper" : classNumber=classNumber+4 ; break ;
      Default : classNumber=classNumber+5 ; break ;
    }
    Return classNumber ; // 返回选择结果
}
```

7.1.2　基于灰色关联分析的案例匹配

在经过分层索引检索后，决策系统会根据目标案例的划分结果调用与之相似的历史案例集。因此，还需要采用另一种算法从中检索出相似度最高的匹配方案。案例推理常用的相似度比较方法是最近相邻检索法。可是在船体外板曲面成形过程中，参数之间的关系不明确，特征向量权重难以确定，干扰因素多，应用最近相邻检索法所取得的效果不太理想，本研究采用灰色关联理论计算目标案例与相似案例集的相似度，最终匹配出相似度最高的历史案例，具体的操作步骤如下。

Step 1：确定参考序列。根据大量的现场调研数据和技术工人的宝贵经验，确定可以表征船体外板初始加工前的各种特点的数据，将其组成一个数据列。依据该数据列的结构，提取目标案例的信息组成一个参考序列，其表示形式为

$$\boldsymbol{X}_0=[x_0(1),x_0(2),\cdots,x_0(j)] \tag{7.1}$$

Step 2：确定比较序列。比较序列是计算与参考序列的关联度的数据列，即分层索引检索得出的相似案例集。比较序列也必须依据 Step 1 所述数据列的结构，由提取到的每个向量案例的信息组成，其表示形式为

$$\boldsymbol{X}_i=[x_i(1),x_i(2),\cdots,x_i(j)] \tag{7.2}$$

式中：$i=1,2,\cdots,n$, n是相似案例集元素的个数。

Step 3：无量纲化处理。由于数据列的元素来源于船体外板的各方面信息，往往存在量纲和数量级不一致的情况，使元素间及其计算结果不具有可比性。因此，在计算案例相似度时，必须对各元素的原始数据做无量纲化处理，再通过处理后所得到的新数据做关联度计算。根据案例的数据特点，本研究采用线性比例变化法做无量纲化处理，即

$$x_i(j)=\frac{x_i(j)}{x_0(j)} \tag{7.3}$$

Step 4：计算两级最大差和两级最小差。为了更好地计算目标案例与相似案例集之间的相似度，把参考序列$\boldsymbol{X}_0$与比较序列$\boldsymbol{X}_i$组成相似案例矩阵：

$$\boldsymbol{X}=\begin{bmatrix}\boldsymbol{x}_0\\ \boldsymbol{x}_1\\ \vdots\\ \boldsymbol{x}_n\end{bmatrix}=\begin{bmatrix}x_0(1) & x_0(2) & \cdots & x_0(j)\\ x_1(1) & x_1(2) & \cdots & x_1(j)\\ \vdots & \vdots & \ddots & \vdots\\ x_n(1) & x_n(2) & \cdots & x_n(j)\end{bmatrix} \tag{7.4}$$

式中：$i=1,2,\cdots,n$，n是相似案例集元素的个数。

计算j时刻参考序列x_0与比较序列x_i的绝对值之差$\varDelta_{ij}=|x_0(j)-x_i(j)|$，就可以求出相似案例矩阵的两级最大差$\varDelta_{\max}$和两级最小差$\varDelta_{\min}$：

$$\begin{cases}\varDelta_{\max}=\max\limits_i\max\limits_j\varDelta_{ij}\\ \varDelta_{\min}=\min\limits_i\min\limits_j\varDelta_{ij}\end{cases} \tag{7.5}$$

Step 5：确定分辨系数ρ。ρ可以调节灰色系统总的分辨率，该值的增大或变小能够增强或者降低分辨效果。一般情况下ρ可作为$\varDelta_{\max}$的权重系数，主要根据系统的各个因素对关联度的间接影响程度进行取值，通常取ρ=0.5。但船体外板的规格千差万别，为了使分辨系数可灵活和智能地反映实际情况，决策系统根据相似案例矩阵来确定ρ值。设$\varDelta_x$为相似案例矩阵所有元素的差值绝对值的均值，即

$$\varDelta_x=\frac{1}{nm}\sum_{i=1}^{n}\sum_{j=1}^{m}\varDelta_{ij} \tag{7.6}$$

令$\epsilon_\varDelta=\dfrac{\varDelta_x}{\varDelta_{\max}}$，当$\varDelta_{\max}>3\varDelta_x$时，$\epsilon_\varDelta\leqslant\rho\leqslant1.5\epsilon_\varDelta$；当$\varDelta_{\max}\leqslant3\varDelta_x$时，$1.5\epsilon_\varDelta\leqslant\rho\leqslant2\epsilon_\varDelta$。

Step 6：计算灰色相似系数（$GSIM$）。灰色相似系数表示相似案例与目标案例某一元素的相似度，根据式（7.4）可以获得灰色相似系数矩阵$\boldsymbol{\xi}$：

$$\boldsymbol{\xi}=\begin{bmatrix}GSIM(x_0(1),x_1(1)) & GSIM(x_0(2),x_1(2)) & \cdots & GSIM(x_0(j),x_1(j))\\ GSIM(x_0(1),x_2(1)) & GSIM(x_0(2),x_2(2)) & \cdots & GSIM(x_0(j),x_2(j))\\ \vdots & \vdots & & \vdots\\ GSIM(x_0(1),x_j(1)) & GSIM(x_0(2),x_j(2)) & \cdots & GSIM(x_0(j),x_j(j))\end{bmatrix} \tag{7.7}$$

式中：$GSIM(x_0(j),x_j(j))=\dfrac{\varDelta_{\min}+\rho\cdot\varDelta_{\max}}{\varDelta_{ij}+\rho\cdot\varDelta_{\max}}$。

Step 7：确定相似度。由式（7.7）可知每个相似案例与目标案例的相似程度是通过j个灰色相似系数来反映的。但这些灰色相似系数过于分散，难以做整体比较，有必要对其做统一处理。在现场调研发现某些元素（如板厚等）的相对重要性较大，为了能够真实地反映出各个元素对案例的决定性程度，提高案例推理中相似度的计算准确性，本研究采用带权求平均值的方法表示两者的相似度γ_i：

$$\gamma_i=\frac{1}{m}\sum_{j=1}^{m}GSIM(x_0(j),x_j(j))\cdot\omega_j \tag{7.8}$$

由式(7.8)可知,相似度反映相似案例与目标案例之间的相似度。决策系统设定一个最高阈值和最低阈值,当相似度大于或等于最高阈值时,则该相似案例与目标案例完全匹配,决策系统直接调用其加工方案进行加工;当相似度 γ_i 小于最低阈值时,说明没有相似案例存在;当相似度介于最高阈值和最低阈值之间时,就调用相似度最高的历史案例,针对其与目标案例不适合的加工参数进行修改。

7.1.3　匹配案例的修改

由于船体外板的规格不统一,只有很小的概率能直接检索出完全匹配的历史案例,因此对案例进行修改是决策系统必不可少的功能。案例修改往往需要可行的修改知识和正确的修改方式。修改知识一般是知识库中的规则知识,而常用的案例修改方式有替换法、转换法、生成式修改法。修改方式的选择直接影响案例修改的效果,即使匹配的历史案例非常相似,如果修改方式不当,修改结果也会不尽如人意。

对船体外板加工案例进行修改时,首先要明确需要修改的地方有哪些。船体外板加工案例由基本属性类信息、加工类信息和成形类信息组成。其中,基本属性类信息和成形类信息构成船体外板加工案例的属性空间,主要用于案例的检索匹配;加工类信息构成船体外板加工案例的解空间,不仅是决策系统最终推理的结果,也是案例修改的内容。加工类信息的伪代码如下。

```
Class Solution {
Public:
  Temperature;// 加热温度
  Speed;// 加热速度
  HeatType;// 加热方式
  CoolingType;// 冷却方式
  WaterFireDistance;// 水火距
  LineNumber;// 焰道数量
  HeatLine={// 焰道数组,数组元素的个数即焰道数量
    Line_1={point_1,point_2,...,point_m},
    Line_2={point_1,point_2,...,point_m},
    ...
    Line_n={point_1,point_2,...,point_m}// 焰道特征点三维坐标
  }
  RotateAngle={// 水枪旋转角度数组,元素个数与焰道数量一致
```

```
        Angle_1={Angle_1,Angle_2,...,angle_m},
        Angle_2={Angle_1,Angle_2,...,angle_m},
                        ⋮
        Angle_n={Angle_1,Angle_2,...,angle_m}// 焰道特征点旋转角度
    }
}
```

因为船体外板加工案例的解空间组成比较复杂，单一的修改方式难以奏效，所以需要针对不同类型的数据采用不同的修改方式。对于基本数据类型的解元素参数（如加热方式、焰道数量等）采用替代法修正内容，即根据目标案例与相似案例属性的差异应用相关规则知识重新计算参数值，然后仅替代解元素参数，不改变解空间结构；对于复杂数据类型的解元素参数（如焰道数组、旋转角度数组）采用转换法修改方式，根据与解元素存在因果关系的其他解元素是否存在变化而进行结构上的增加、删除与更改等操作，实现修改；对于事实性的解元素参数（如特征点三维坐标、旋转角度等）采用生成式修改法，即将历史案例的解元素的生成方法直接操作用于目标案例产生解元素，与历史案例的解元素毫无关系。

由于事实性的解元素参数都是关于焰道布置的加工参数，不仅是加工方案关键的组成部分，也是融合推理机制的推理重点。下面以帆形船体外板为目标案例，说明生成式修改法的案例修改过程，具体步骤如下。

Step 1：以肋骨线为数组，获取目标案例的成形曲面每条肋骨线上所有特征点的三维数据并插入对应的数组（记数组为 A）。

Step 2：获取目标案例检测曲面的三维点云坐标，提取每条肋骨线上所有特征点的三维数据并插入新的数组（记数组为 B）。

Step 3：根据 A，B 两组数组同一特征点的三维数据判断该特征点是否成形。若特征点已成形，则在数组 B 中删除该特征点；否则继续保留该特征点。最后数组 B 的数据全都是未成形的特征点。

Step 4：抽取数组 B 中每条肋骨线的特征点作为样本点，结合推理的焰道数量进行焰道特征点三维坐标计算，每完成一条焰道设计则将其数据插入栈结构，直至数组 B 的特征点被全部抽取。最后弹出栈结构的数据生成焰道。

该生成式修改法案例的修改过程的伪代码如下。

```
Flame_form(InData,OutData){
    Point=ReadData(设计文件);// 引入成形曲面的特征点三维数据
    Check=ReadData(检测文件);// 引入检测曲面的特征点三维数据
    For i=1 to n{ 第 i 条焰道数组
```

```
  A[i]={point_1,point_2,…,point_m}// 组装成形肋骨线特征点三维数据
}
For i=1 to n{ 第 i 条焰道数组
  B[i]={check_1,check_2,…,check_m}// 组装检测肋骨线特征点三维数据
}
If( B[i][j] 数值等于 A[i][j] 数值 ){
  Line_Delete( B[i][j] );// 在数组 B 删除特征点 B[i][j]
}
Line_Create( )// 创建栈
While( Size( B )>0 ){// 判断数组 B 是否存在数据
  If( 第 i 条数组 B [i] 长度大于 0 ){//B[i] 有数据可成为参考焰道
    For k=1 to m{//m 是推理出来的焰道数量
      Line __ form( item[k],B[i] );//B[i] 数据按规则知识生成焰道数据
      LinkStack __ Push( stack,item[k] );// 焰道数据压入栈结构
      Angle __ form( angle[k],item[k] );//item[k] 焰道数据按规则知识生成旋转角度值
      AngleStack __ Push( stack,angle[k] );// 旋转角度数据压入栈结构
    }
    HeatLine=LineStack __ Pop( stack )// 弹出栈结构形成目标案例的焰道数据
    RotateAngle=AngleStack __ Pop( stack )// 弹出栈结构形成目标案例旋转角度
  }
}
```

在决策系统的测试过程中,由于运用多种修改方式对解元素进行修改,导致解元素的修改顺序出现问题,造成推理时间过长。通过问题的分析排查发现,决策系统采用的是单案例修改,因此将各种修改方式有机结合形成一个有效可靠的案例修改框架是必要且容易实现的。图 7-3 给出了决策系统采用的案例修改框架。

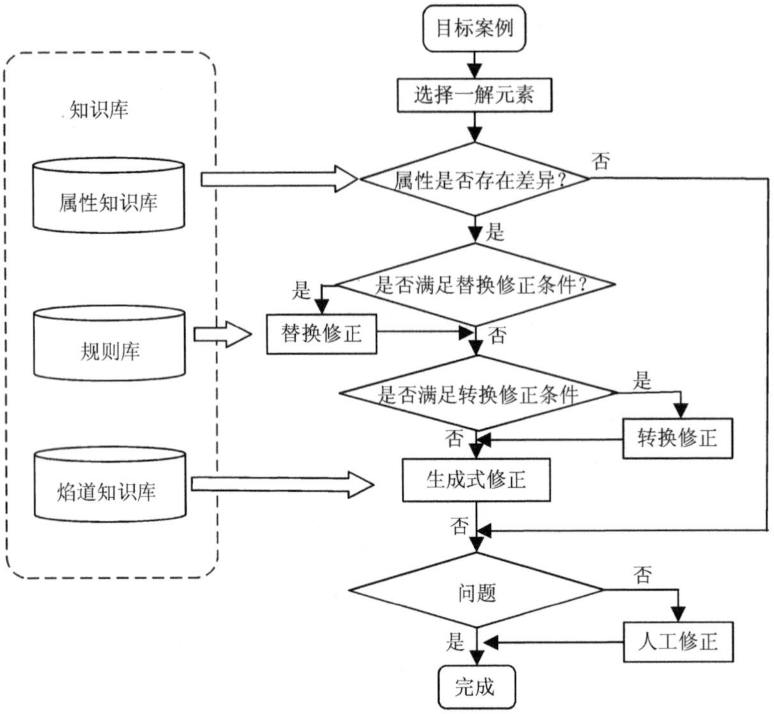

图 7-3 案例修改框架

7.2 板展开法

当一个新的船体外板需要加工时,决策系统会将其信息按照规定的案例表示方式录入数据库,然后提取特征信息进行检索匹配。案例的匹配即是目标板型与案例库中案例板型的形状相似程度的匹配,考虑到实际加工中进行案例检索时可能出现无法找到相似案例的情形,本研究采用板展开法解决这一问题。

在对船体外板曲面成形工艺的研究中,在对钢板变形进行研究时,需要考虑两个变量:线变形和角变形。船体外板的局部变形量与整体形状有密切关系,当船体外板的整体形状确定下来以后,其局部变形量就已确定。在曲面展开研究上,与数学意义上的曲面研究不同,实际工程中的曲面被定义为刚性体,在其展开过程中必然会产生许多裂缝,这些裂缝就是船体外板加工过程中需要用到的变形量,其中就包含着线变形和角变形。当采用板展开法后,得到对应的加工轨迹和收缩量,将这些信息与案例库中的加工轨迹信息匹配对比,得到每条裂缝对应的加工参数,即氢气流量和加热速度等。

7.2.1　B 样条曲面拟合

对于船体外板曲面成形加工轨迹的确定，本研究采用基于B样条法的板展开法。B样条方法可以表示和设计自由曲线和曲面，其功能强大，在船舶设计领域中的应用非常广泛。应用B样条曲面拟合方法，可以很好地表达船体外板的曲面形状。B样条曲线方程为

$$r(u)=\sum_{i=0}^{n} d_i N_{i,k}(u) \tag{7.9}$$

式中：$d_i(i=0,1,\cdots,n)$为控制顶点；$N_{i,k}(u)(i=0,1,\cdots,n)$ 为 k 次规范的B样条基函数。

给出$(m+1)\times(n+1)$个控制点$d_{i,j}(i=0,1,\cdots,m; j=0,1,\cdots,n)$的阵列，就可以形成一张控制网络。在确定参数$u$的次数$k$和参数$v$的次数$l$以及两个节点矢量$\boldsymbol{V}=[v_0,v_1,\cdots,v_{n+l+1}]$和$\boldsymbol{U}=[u_0,u_1,\cdots,u_{m+k+1}]$，就可以定义一张$k\times l$次张量积的B样条曲面，其方程如下：

$$r(u,v)=\sum_{i=0}^{m}\sum_{j=0}^{n} d_{i,j} N_{j,k}(u) N_{i,k}(v) \quad (u_k \leqslant u \leqslant u_{m+1}, v_l \leqslant v \leqslant v_{n+1}) \tag{7.10}$$

7.2.2　船体外板曲面展开理论

在对船体外板曲面成形工艺的研究中考虑局部变形时，需要考虑两个变量：线变形和角变形。船体外板的局部变形量与整体形状有密切关系，当船体外板的整体形状确定下来以后，其局部变形量就已明确。在曲面展开研究上，与数学意义上的曲面研究不同，实际工程中的曲面被定义为刚性体，在其展开过程中必然会产生许多裂缝，这些裂缝就是船体外板加工过程中需要用到的变形量，其中就包含着线变形和角变形。

1. 线变形

在讨论钢板的线变形时，先忽略钢板厚度，船体外板本身为不可展开曲面，在将船体外板展开为二维平面时，就必然会存在一些重叠和裂缝，这些裂缝和重叠就是钢板的线变形量，如图 7-4 所示。

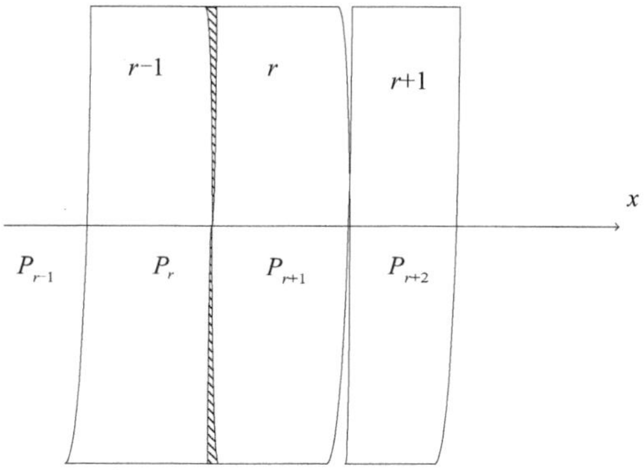

图 7-4　无厚度曲面展开示意

2. 角变形

在考虑具有厚度的曲面展开中，在厚度方向上，曲面内侧裂开，外侧重叠，在厚度层面上就必然会存在一个中性面，其既不收缩也不扩展，其可以作为曲面内表面的等价曲面，厚度方向上展开所产生的裂缝，其角度大小就是角变形，如图 7-5 所示。

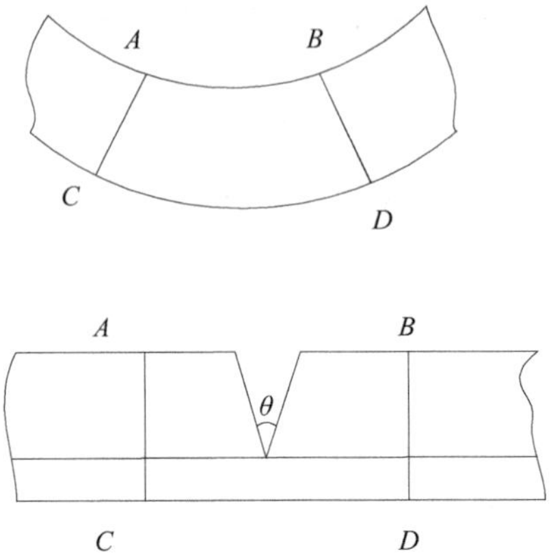

图 7-5　有厚度曲面展开示意

通过船体外板展开得到的线变形和角变形量，对于船体外板的加工具有指导意义，其与第 2 章介绍的船体外板在热应力下产生的线变形和角变形相对应。通过船体外板的曲面展开，从结果出发，逆向推导出结果所需要的条件，就可得到船体外板的加工轨迹和每条轨迹所需加工出的角变形和线变形。

在船体外板曲面成形的实际加工过程中，曲率较大的区域加热线布置得相对密集，曲率小的位置加热线布置得较为稀疏。根据实际加工情况，本研究划分船体外板的加热轨迹线时所采用的方法是不均匀的展开划分法，即船体外板弯曲程度大（曲率高）的那部分区域划分的展开单元较多，船体外板弯曲程度小（曲率低）的那部分区域划分的展开单元较少，如图 7-6 和图 7-7 所示。

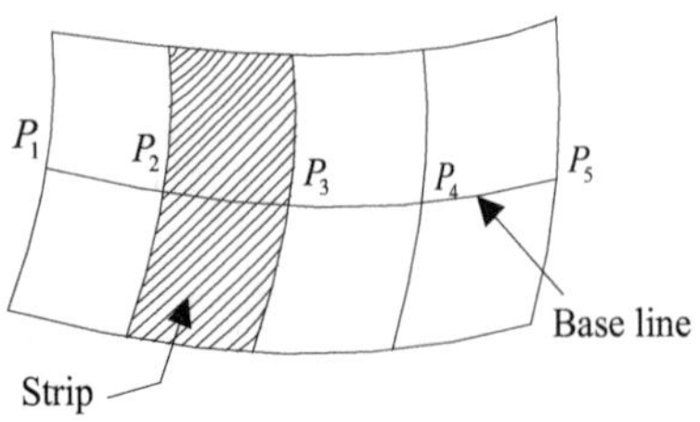

图 7-6　均匀划分

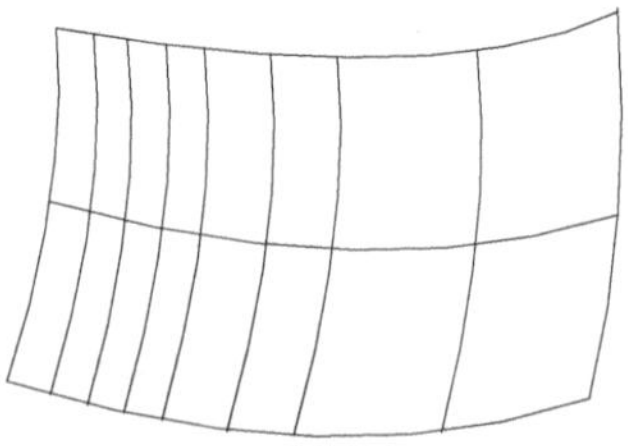

图 7-7　不均匀划分

综合考虑了船体外板热加工时加热线布置规则和曲面展开时面积误差的范围要求后，确定船体外板的展开中心。船体外板曲面面积展开误差的计算公式为

$$E=\left|\frac{S-PS}{S}\right|\times 100\%=\frac{\left|\sum_{i=0}^{n}s_i-\sum_{i=0}^{n}ps_i\right|}{\sum_{i=0}^{n}s_i}\times 100\% \tag{7.11}$$

式中：S 为曲面面积；PS 为展开图面积；$s_i(i=0,1,\cdots,n)$ 为每个空间四边形单元的面积；n 为曲面上划分的空间四边形单元的个数；$ps_i(i=0,1,\cdots,n)$ 为展开后每个平面四边形的面积。

根据船体外板曲面成形的实际生产加工特点，本研究所采用的不均匀船体外板曲面展开方法的具体步骤如下。

1）采用非均匀 B 样条曲线表达船体外板的曲面形状。

2）确定船体外板的展开中心。

3）确定船体外板的展开基准线（Base line）。

4）将船体外板曲面按曲率变化趋势不均匀地划分成若干四边形网格单元。

5）展开划分好的网格单元。

6）先对网格单元进行加密操作，判断船体外板展开后的裂缝是否收敛，若裂缝收敛则船体外板展开结束；若不收敛，则重复四边形网格划分加密的操作步骤，直到展开裂缝的误差值在误差允许的范围内。

7）对船体外板展开后面积进行计算，算得展开前后面积的误差值。随后判断船体外板展开后的面积误差值是否在允许的误差范围内。如果在误差范围内，则船体外板展开结束；反之，则返回步骤 2），重复上述步骤，直到展开面积与曲面面积的差值处于误差范围内。

7.2.3　案例匹配及方案优化

采用板展开法可得到对应的加工轨迹和收缩量，将这些信息与案例库中的加工轨迹信息匹配对比，得到每条裂缝对应的加工参数，即氢气流量和加热速度。在模型数据库中，同一变形量所对应的加工参数往往并不唯一。在船体外板展开精度足够的条件下，还需考虑船体外板曲面成形生产时间和生产能耗等相关性能指标，根据用户需求，从推理出的多种加工方案中寻找一种满足用户需求的加工方案。因此，本研究采用人工鱼群优化算法，选择合适的优化目标函数，寻找较优的加工方案。

前面章节已经对人工鱼群算法的原理进行了详细讲述，本小节不再赘述。

通过综合考虑船体外板曲面成形热加工工艺的生产时间和生产能耗，本研究建立如图 7-8 所示的船体外板曲面成形加工方案的评价指标体系。

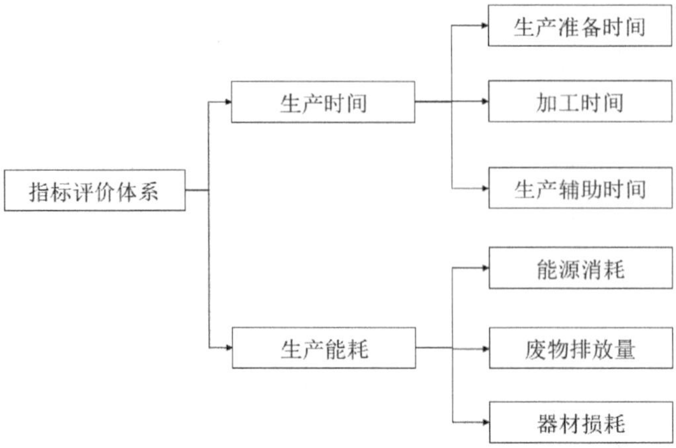

图 7-8 评价指标体系

由于生产准备时间、生产辅助时间、废物排放量和器材损耗等指标需要在大规模实际生产中才能确定，因此，本研究只考虑船体外板曲面成形的加工时间和能源消耗这两项指标。

综合考虑加工时间和能源消耗这两项优化目标，决策系统对加工方案的优化目标函数可表示如下。

加工时间函数：

$$Time = T(X) = \sum_{i=1}^{n} t(x_i) \tag{7.12}$$

能源消耗函数：

$$Energy = E(X) = \sum_{i=1}^{n} e(x_i) \tag{7.13}$$

根据具体实际生产要求，人工鱼群算法合理优化加工方案，多目标优化问题的一般表示方式为

$$Optimal(X) = \min[T(X), E(X)] = \lambda_t T^*(X) + \lambda_e E^*(X) \tag{7.14}$$

式中：$T^*(X)$、$E^*(X)$为无量纲化处理后的加工时间与能源消耗这两个目标函数值；λ_t、λ_e为优化目标函数的权重，根据加工生产时的要求分配；X即具体的加工方案，x_i为具体的加工步骤，包括加工轨迹的位置和长度及加工气体火焰热源的具体参数；n为加工步骤数；i为加工步骤序号。

加工时间及能源消耗这两个优化目标函数的量纲不完全相同，因此要先对其进行无量纲化处理，处理完成后才能运算。

图 7-9 所示为$\lambda_t = 0.5, \lambda_e = 0.5$时，某一加工目标下拟合的优化函数曲面，曲面极小值点即为最优加工参数。

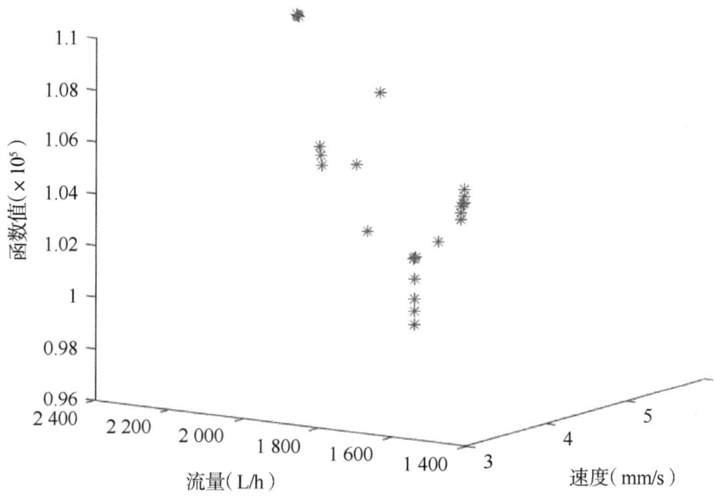

图 7-9　优化目标函数值

7.3　船体外板加工方案推理演示

首先,从专业船舶设计软件 Tribon 中导出目标船体外板的三维点云图,具体的坐标信息如表 7-1 所示;然后,通过 B 样条曲面拟合,获得目标船体外板的三维图像,如图 7-10 所示。

表 7-1　船板型值表　(单位:mm)

x	y								
	-900	-675	-450	-225	0	225	450	675	900
-2 150	9 149	9 108	9 069	9 033	9 000	9 033	9 069	9 108	9 149
-1 788	9 061	9 019	8 979	8 940	8 903	8 940	8 979	9 019	9 061
-1 426	8 974	8 931	8 889	8 849	8 810	8 849	8 889	8 931	8 974
-1 026	8 887	8 843	8 880	8 759	8 718	8 759	8 800	8 843	8 887
-701	8 800	8 755	8 712	8 669	8 627	8 669	8 712	8 755	8 800
-336	8 713	8 668	8 624	8 580	8 537	8 580	8 624	8 668	8 713
23	8 627	8 581	8 536	8 492	8 448	8 492	8 536	8 581	8 627
386	8 541	8 495	8 449	8 404	8 359	8 404	8 499	8 495	8 541
750	8 456	8 409	8 326	8 316	8 270	8 316	8 362	8 409	8 455

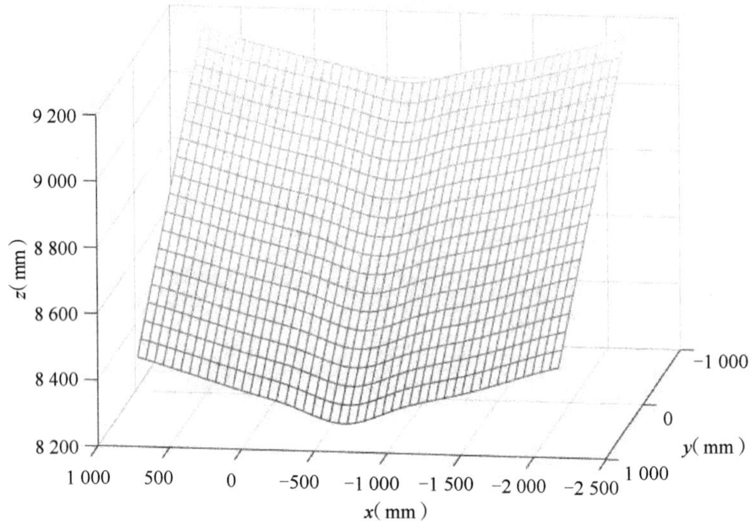

图 7-10 船体外板三维图

图 7-11 是将船体外板不均匀展开的整体示意图。图 7-12 为船体外板展开的局部示意图。船体外板不均匀展开的裂缝宽度见表 7-2。

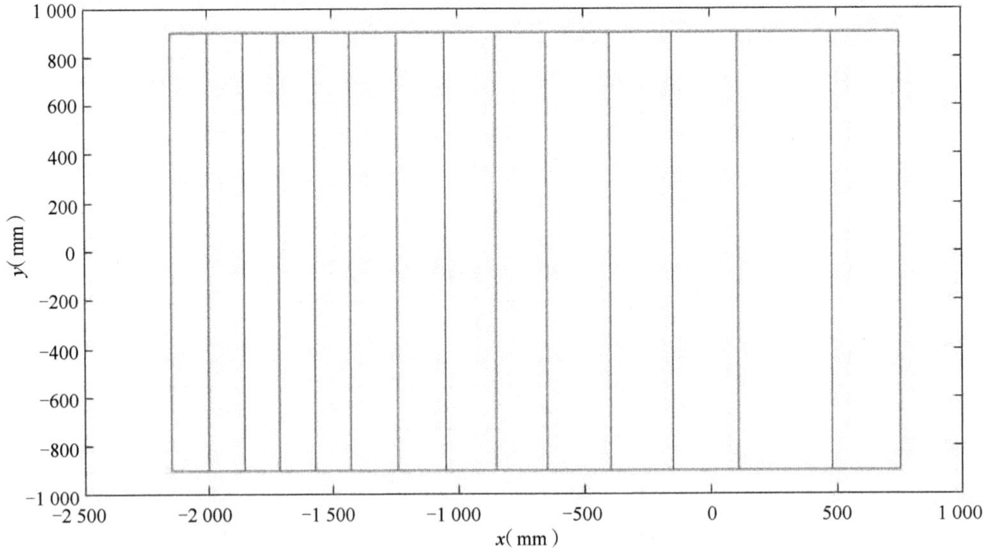

图 7-11 船体外板不均匀展开示意

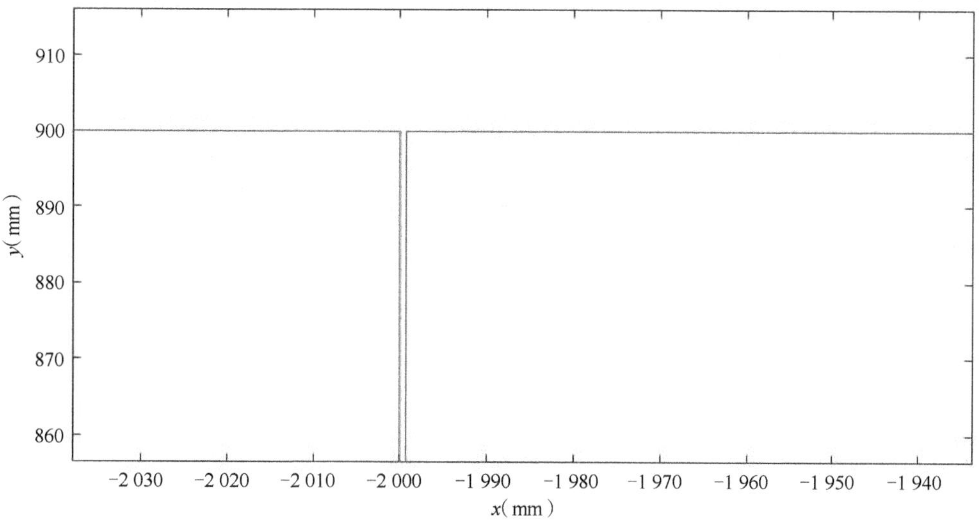

图 7-12　船体外板不均匀展开局部示意

表 7-2　船体外板不均匀展开的裂缝宽度　（单位:mm）

位置	裂缝 1	裂缝 2	裂缝 3	裂缝 4	裂缝 5	裂缝 6	裂缝 7
上裂缝	0.72	0.68	0.63	0.60	0.46	0.56	0.52
下裂缝	0.72	0.68	0.63	0.60	0.46	0.56	0.52
位置	裂缝 8	裂缝 9	裂缝 10	裂缝 11	裂缝 12	裂缝 13	
上裂缝	0.48	0.44	0.54	0.52	0.50	0.62	
下裂缝	0.48	0.44	0.54	0.52	0.50	0.62	

预设生产中考虑目标为能源消耗与加工时间均衡考虑，即 $\lambda_t = 0.5$、$\lambda_e = 0.5$，通过人工鱼群优化算法得到的最终加工参数如表 7-3 所示。

表 7-3　加工参数

		裂缝宽度（mm）	裂缝长度（mm）	氢气流量（L/h）	速度（mm/s）
上裂缝	1	0.72	841	1 053	1.45
	2	0.68	841	1 066	1.51
	3	0.63	838	1 097	1.61
	4	0.60	834	1 102	1.63
	5	0.46	846	1 254	1.94
	6	0.56	842	1 170	1.64
	7	0.52	838	1 236	1.86
	8	0.48	832	1 254	1.92
	9	0.44	856	1 287	2.02

续表

		裂缝宽度（mm）	裂缝长度（mm）	氢气流量（L/h）	速度（mm/s）
上裂缝	10	0.54	841	1 235	1.79
	11	0.52	847	1 249	1.84
	12	0.50	846	1 255	1.90
	13	0.62	862	1 089	1.58
下裂缝	1	0.72	841	1 053	1.45
	2	0.68	841	1 066	1.51
	3	0.63	838	1 097	1.61
	4	0.60	834	1 102	1.63
	5	0.46	846	1 254	1.94
	6	0.56	842	1 170	1.64
	7	0.52	838	1 236	1.86
	8	0.48	832	1 254	1.92
	9	0.44	856	1 287	2.02
	10	0.54	841	1 235	1.79
	11	0.52	847	1 249	1.84
	12	0.50	846	1 255	1.90
	13	0.62	862	1 089	1.58

第 8 章　船体外板曲面成形智能决策支持系统实现

前面章节主要描述了船体外板曲面成形智能决策支持系统的结构和理论设计，构建了船体外板曲面成形智能决策系统的知识库和推理机，结合算法给出船体外板的加工轨迹的布置和对应轨迹的加工参数。本章结合船体外板曲面成形智能决策系统的设计要求，编写代码，开发决策系统的相关软件。

8.1　智能决策支持系统的总体架构

决策系统的总体架构可按照系统的体系结构、系统的功能结构进行划分。智能决策支持系统的体系结构采用 C/S 下的三层架构模式，将知识库数据放置在服务器中，确保了数据安全，规避潜在的风险。在功能结构上，决策系统主要有三大主要功能模块：船体外板信息添加、加工方案生成、船体外板信息查询。

8.1.1　智能决策支持系统的体系结构

船体外板曲面成形智能决策支持系统采用 C/S 模式下的三层架构，分别为表示层、业务逻辑层、数据访问层，如图 8-1 所示。

1. 表示层

表示层用于接收用户输入的数据和显示数据，为用户提供一种交互式的操作界面，是智能决策支持系统的人机接口部分。它的作用是将用户的输入信息和请求数据发送到下一层进行处理，完成用户与智能决策支持系统的人机对话。

2. 业务逻辑层

业务逻辑层位于表示层和数据访问层之间，封装了与系统相关联的应用模型、推理算法、优化算法等。在本研究中，业务逻辑层的核心是推理机，其将表示层与数据库代码隔开，在系统中起承上启下的作用。

3. 数据访问层

数据访问层是三层模式的最底层，是存储知识库知识和数据的地方，满足和管理应用服务对数据的需求，并对数据进行定义、分类、管理和更新。按照第 3 章的设计，知识库主要分为两个部分：一是工艺规则库，存储总结归纳船体外板加工工艺的加工规则；二是案例库，包含加工案例和通过 AFSA-SVM 预测模型获得的船体外板加工参数与变形量的数据，将这些数据按子对象进行分类，各个子对象类之间通过唯一标识符联系在一起，有效提高推理机的检索效率。

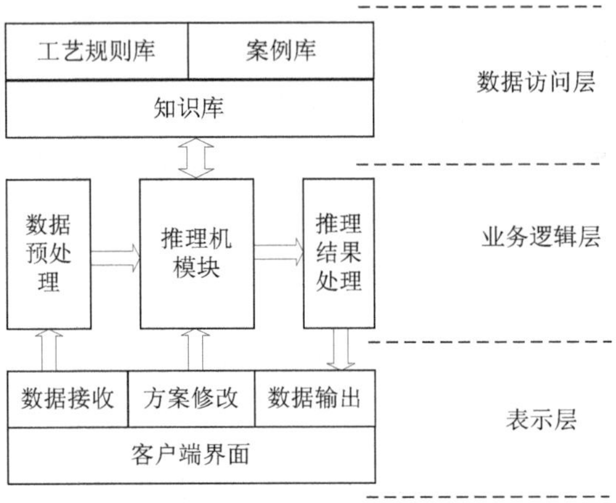

图 8-1　智能决策支持系统的体系结构

8.1.2　智能决策支持系统功能模块

本章要设计的智能决策支持系统的软件要实现对船体外板信息的预处理、曲面的数学描述、加工轨迹和参数的预报、成形评价和二次加工以及对机械臂的路径规划与控制，共五大功能，如图 8-2 所示。

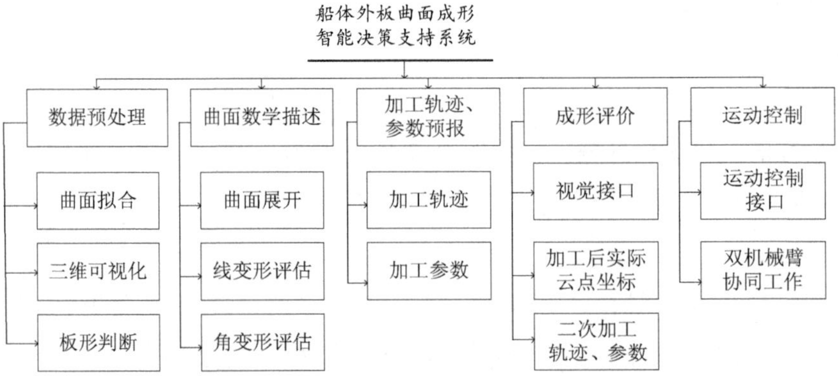

图 8-2　智能决策支持系统软件的主要功能模块

目前,智能决策支持系统已实现的功能包含:对船体外板信息的曲面拟合及其三维可视化,曲面展开和对线变形、角变形这两个变形量的评估,对加工轨迹、加工参数的预报。未完成的部分将由项目组成员继续完成。

1. 主界面模块

智能决策支持系统的主界面如图 8-3 所示。系统左侧边栏为系统的功能列表,右侧部分为系统的显示模块。功能列表有三项,主要为添加船体外板、定制加工方案和板材信息查询,它们构成了船体外板曲面成形加工方案的完整流程;图像显示模块负责系统与用户间的交互,根据用户的指令,其可以显示船体外板的三维图像、二维展开的加热线布置图和具体的加工参数以及船体外板信息列表等。

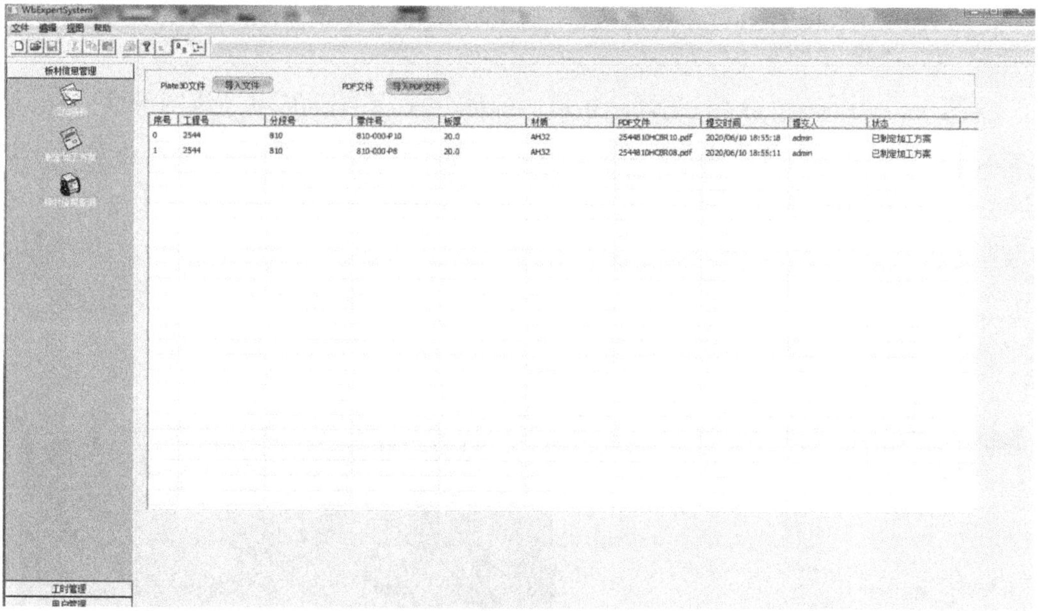

图 8-3　系统主界面

2. 文件导入模块

文件导入模块的作用是将船体外板的相关三维信息导入智能决策支持系统。这些信息由江南造船厂提供,是基于专业船舶设计软件 Tribon 的船体外板设计模型生成的船体外板的材质类型、板厚、约束条件、三维云点坐标和基准线等信息。将这些信息处理成系统能够识别的形式,可为推理提供基础。导入的文件如图 8-4 所示。

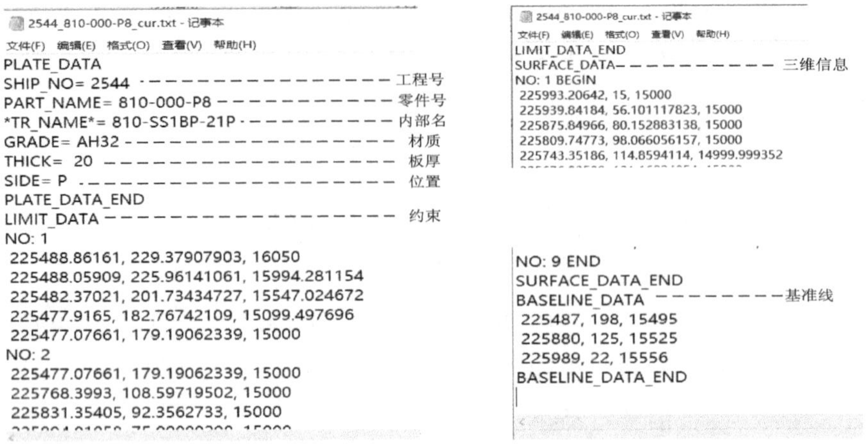
2544_810-000-P8_cur.txt - 记事本
文件(F) 编辑(E) 格式(O) 查看(V) 帮助(H)
PLATE_DATA
SHIP_NO= 2544 ---------------- 工程号
PART_NAME= 810-000-P8 ----------- 零件号
TR_NAME= 810-SS1BP-21P ---------- 内部名
GRADE= AH32 ------------------- 材质
THICK= 20 ------------------- 板厚
SIDE= P ------------------- 位置
PLATE_DATA_END
LIMIT_DATA ------------------- 约束
NO: 1
225488.86161, 229.37907903, 16050
225488.05909, 225.96141061, 15994.281154
225482.37021, 201.73434727, 15547.024672
225477.9165, 182.76742109, 15099.497696
225477.07661, 179.19062339, 15000
NO: 2
225477.07661, 179.19062339, 15000
225768.3993, 108.59719502, 15000
225831.35405, 92.3562733, 15000

2544_810-000-P8_cur.txt - 记事本
文件(F) 编辑(E) 格式(O) 查看(V) 帮助(H)
LIMIT_DATA_END
SURFACE_DATA- ---------- 三维信息
NO: 1 BEGIN
225993.20642, 15, 15000
225939.84184, 56.101117823, 15000
225875.84966, 80.152883138, 15000
225809.74773, 98.066056157, 15000
225743.35186, 114.8594114, 14999.999352
NO: 9 END
SURFACE_DATA_END
BASELINE_DATA --------- 基准线
225487, 198, 15495
225880, 125, 15525
225989, 22, 15556
BASELINE_DATA_END

图 8-4 导入文件

3. 方案生成模块

方案生成一共有三个步骤:选择未生成的船体外板,系统生成其三维图像;进一步点击"方案定制"并对其进行展开操作得到加工路径和每条路径对应的加工参数,技术人员可以对方案进行修改;最后保存并生成加工报表。方案生成步骤如图 8-5 所示。

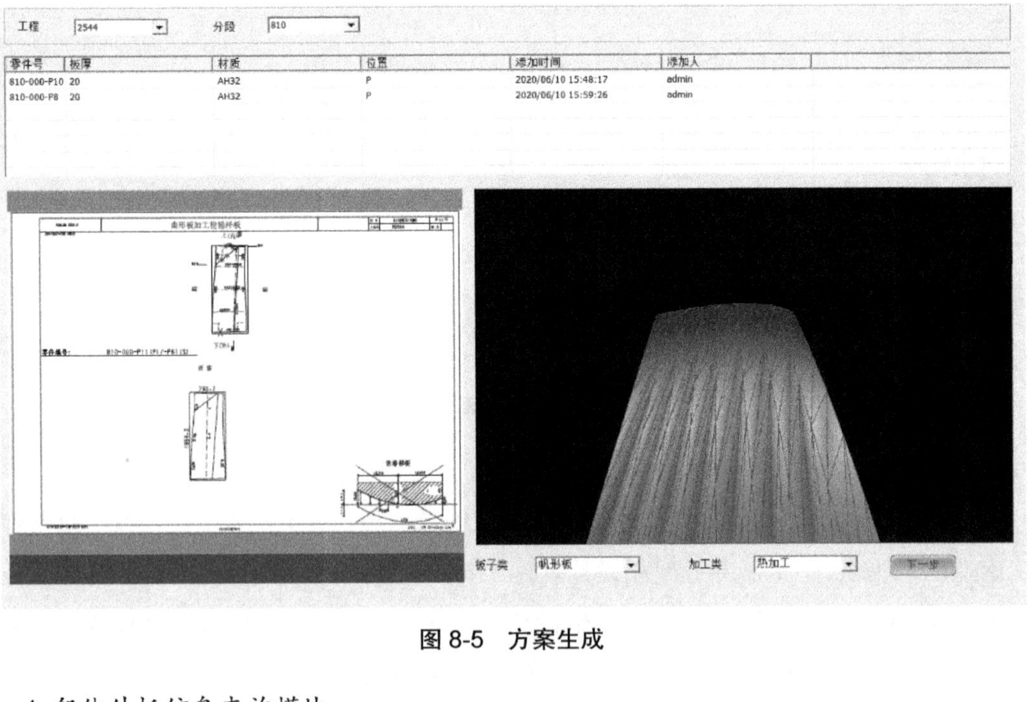

图 8-5 方案生成

4. 船体外板信息查询模块

通过船体外板信息查询模块,能够对已生成的方案进行修改和查看,如图 8-6 所示。

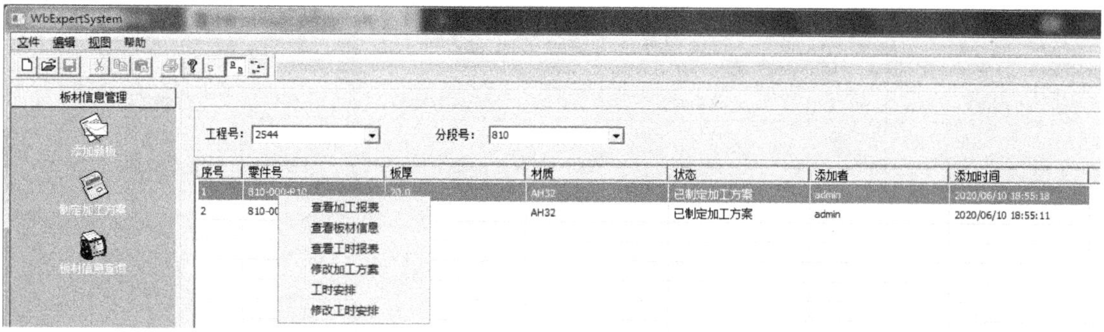

图 8-6　信息查询

5. 二次加工模块

船体外板经过一次加工后可能不会达到目标曲面的形状，这时候就需要进行二次加工。二次加工模块首先对一次加工成形的板材进行成形评价，对没有达到成形要求的板材进行二次加工方案的设计，步骤如下。

首先读取一次加工后的板材成形数据，如图 8-7 所示。

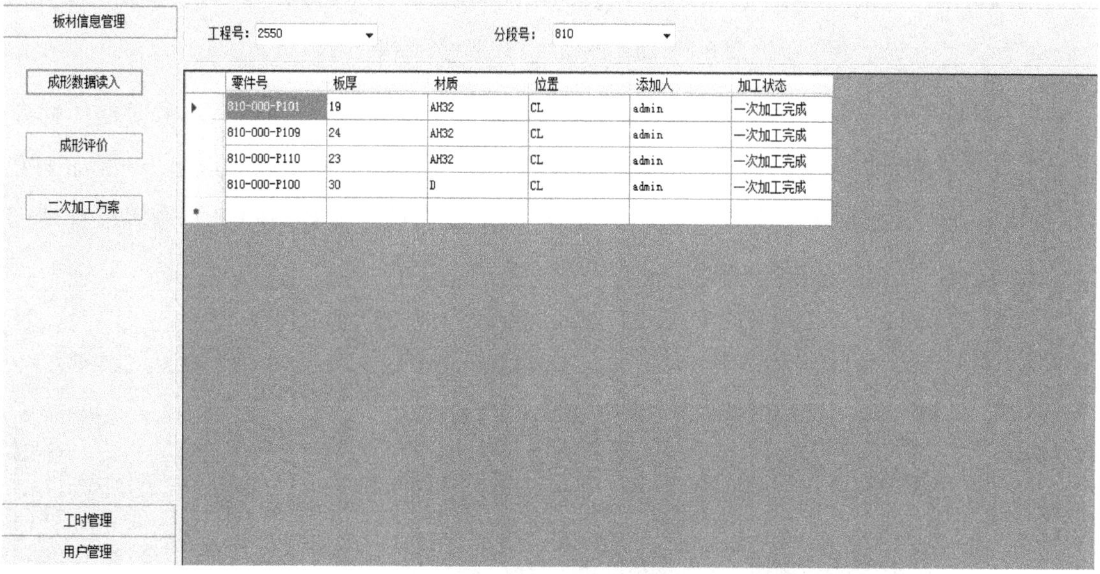

图 8-7　加工成形信息查询

上述界面中显示的均为已经完成一次加工的板材，点击零件号，即可进入成形评价界面。再点击“成形评价”按钮就可以看到船体外板成形的具体结果，如图 8-8 所示。

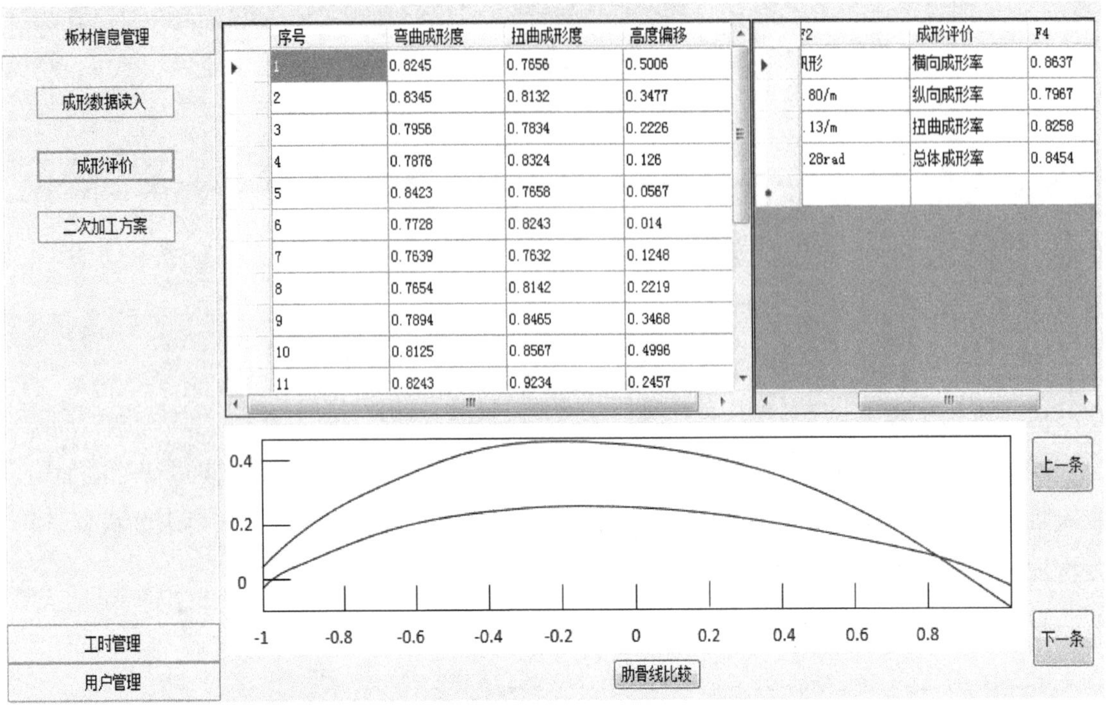

图 8-8　船体外板加工成形评价结果

图 8-8 中第一个表格显示的是每一条加工线的成形度，第二个表格显示的是船体外板的整体成形评价。表格下方的图则是每一条加工线与目标成形的比较。点击"二次加工方案"按钮可进入二次加工方案规划界面。点击"制定二次加工方案"按钮后，系统按规则进行二次加工轨迹与加工参数的规划，如图 8-9 所示。

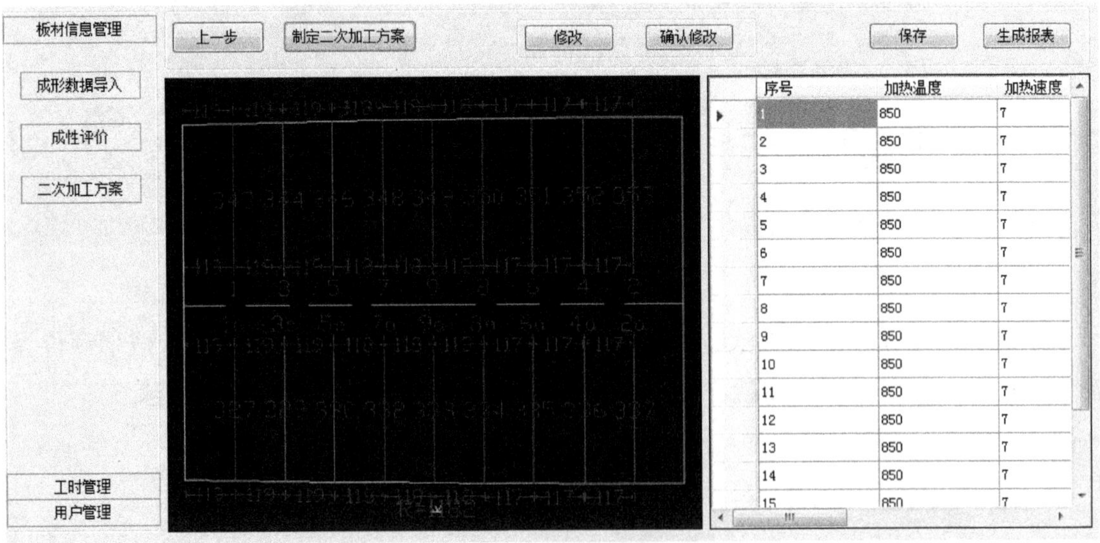

图 8-9　二次加工方案生成

点击“修改”按钮，用户可以按照自己的经验对加工方案进行修改，修改后，点击“确认修改”确定最后的加工方案，依次点击“保存”与“生成报表”，最终形成二次加工方案报表。

8.2　智能决策支持系统的开发与安装环境

采用 C# 语言编程；用 Visual Studio 2017 构建船体外板曲面成形智能决策支持系统的整体开发环境；使用 MATLAB Compiler Runtime（MCR）调用 MATLAB 软件编译，实现推理算法和图形显示的支持；使用 ADO 数据库访问技术实现对 SQL Server 2012 数据库的连接，实现登录、船体外板信息上传、信息预览方案生成、方案修改、用户管理等功能。

智能决策支持系统的运行需要 Windows 7 及以上系统，且需安装 SQL Server 2012 及以上版本、MCR 2016b 和 Net Framework 4.0。

8.3　智能决策支持系统应用实验

本节通过实际的加工实验，验证智能决策支持系统推理出的加工方案的可靠性，实验器材为机械臂（ABB 公司）和氢氧机，机械臂如图 8-10 和图 8-11 所示。由于实际实验时只有 1 000 mm × 1 000 mm × 10 mm 的船用低碳钢板可以用于加工，因此笔者从船厂得到的船体外板数据库中找到一块尺寸接近 1 000 mm × 1 000 mm × 10 mm 的钢板的加工方案，其文件编号为 2567_810-100-21P。取其中的数条加热线对实验钢板进行加工。

图 8-10　机械臂外观

图 8-11　机械臂加工

图 8-12 为智能决策支持系统生成的加工方案。图 8-13 为生成的加工方案报表。

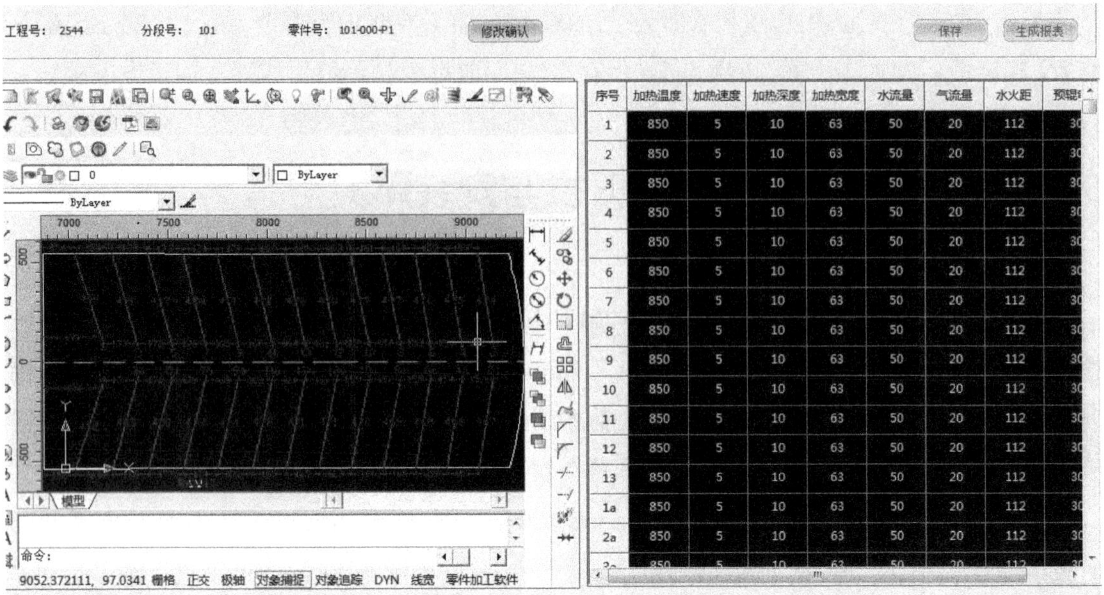

序号	加热温度	加热速度	加热深度	加热宽度	水流量	气流量	水火距	预锻
1	850	5	10	63	50	20	112	30
2	850	5	10	63	50	20	112	30
3	850	5	10	63	50	20	112	30
4	850	5	10	63	50	20	112	30
5	850	5	10	63	50	20	112	30
6	850	5	10	63	50	20	112	30
7	850	5	10	63	50	20	112	30
8	850	5	10	63	50	20	112	30
9	850	5	10	63	50	20	112	30
10	850	5	10	63	50	20	112	30
11	850	5	10	63	50	20	112	30
12	850	5	10	63	50	20	112	30
13	850	5	10	63	50	20	112	30
1a	850	5	10	63	50	20	112	30
2a	850	5	10	63	50	20	112	30

图 8-12　系统生成的加工方案

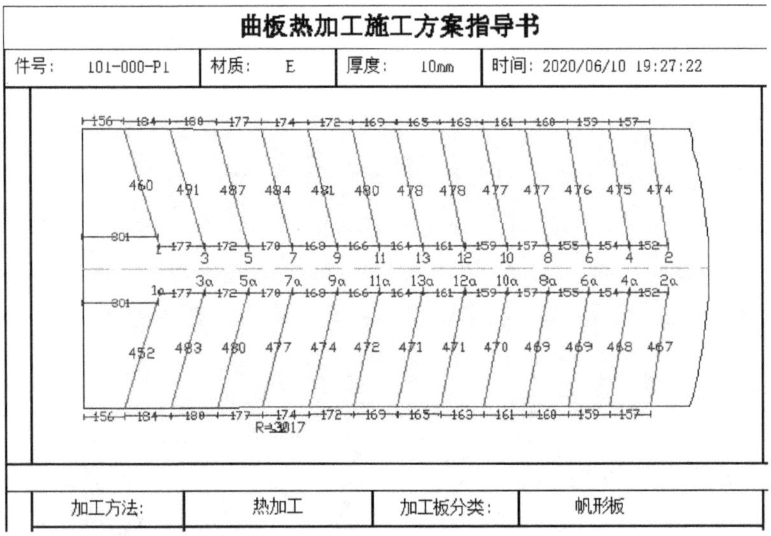

图 8-13　系统生成的加工方案报表

图 8-13 中，“1、2、1a、2a”等为加工顺序。按由 1 到 13，再由 1a 到 13a 的顺序进行加工。此处选取“1、3、5、7、1a、3a、5a、7a”8 条加热线对实验钢板进行加工，具体的加工参数如表 8-1 所示。实验完成后，对比每条加热线处的收缩量的实际值与期望值，对实验方案的成形效果进行评价。

表 8-1　部分加工方案

加热线编号	加热线长（mm）	氧气流量（L/h）	加热速度（mm/s）	水流量（L/h）	水火距（mm）
1	460	2 000	4.2	50	112
3	491	2 000	4.2	50	112
5	481	2 000	4.2	50	112
7	484	2 000	4.2	50	112
1a	452	2 000	4.2	50	112
3a	483	2 000	4.2	50	112
5a	480	2 000	4.2	50	112
7a	477	2 000	4.2	50	112

图 8-14 为实际加工后钢板的最终成形效果。表 8-2 列出了每条加热线位置的变形收缩量。

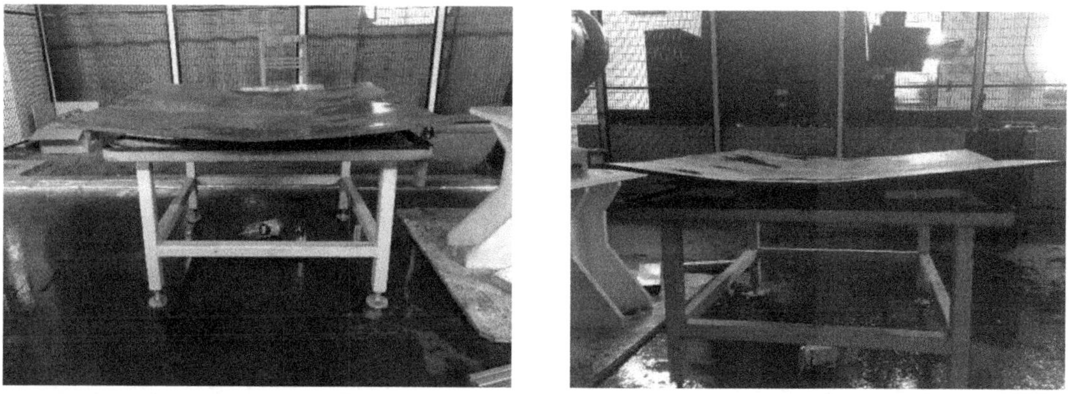

（a）　　（b）

图 8-14　钢板成形效果

（a）整体图　（b）侧视图

表 8-2　钢板的实际变形量与目标变形量　（单位：mm）

加热线编号	1	3	5	7
目标变形量	0.57	0.60	0.58	0.58
实际变形量	0.53	0.52	0.55	0.53
加热线编号	1a	3a	5a	7a
目标变形量	0.57	0.60	0.58	0.58
实际变形量	0.42	0.54	0.55	0.55

从表 8-2 中可以看出，1a 这条线的加热结果不理想，这是因为加工完一侧的 4 条线后，

钢板已经产生相当明显的变形;在加热另一侧时,实验钢板会受到另一侧翘起产生的应力的影响。后续加工时,使用木托将实验钢板一侧垫起,抵消了额外的应力,改善了加工效果。除 1a 这条加热线,其余加热线处的成形率都在 85% 以上,成形效果良好,只要在实验钢板的部分区域进行二次加热即可。实验证明,采用智能决策支持系统生成加工方案,可以基本满足船体外板单次加热的成形需求,减少钢板的重复加热,提高了船体外板曲面成形的加工效率。同时也要注意,在加工方案报表中未提及使用木托抵消板材变形所产生额外应力的影响,后续需要对系统做一定改进,在报表中体现相关加工注意事项。

参考文献

[1] 周宏,蒋志勇,罗宇,等. 基于高频感应技术的船体曲面弯板成型的研究 [J]. 中国造船,2014,55(1):128-135.

[2] 周乔皇. 大型复杂曲面船体外板成形工艺参数自学习专家系统 [D]. 广州:广东工业大学,2014.

[3] 鲁鹏,赵耀. 船体外板线加热成形中网格尺寸对温度场的影响研究 [J]. 船海工程,2013,42(3):51-54.

[4] 薛洪峰. 扭曲型材火工成形的工艺参数研究 [D]. 大连:大连理工大学,2015.

[5] 何恰. 船体外板成形火路决策算法研究 [D]. 广州:广东工业大学,2015.

[6] 陈文雄. 水火弯板加工参数预报系统研究 [D]. 广州:广东工业大学,2015.

[7] 汪骥,刘玉君,刘强,等. 电磁力辅助水火弯板工艺电路参数影响规律研究 [J]. 造船技术,2014(2):39-42.

[8] 陈诚. 钢板移动式感应加热水火弯板工艺的研究 [D]. 大连:大连理工大学,2015.

[9] 吴振. 挖掘机动臂焊接残余应力与变形规律数值模拟研究 [D]. 西安:西安建筑科技大学, 2015.

[10] 徐金雄,程良伦,王涛. 船体复杂外板成型评价方法 [J]. 大连理工大学学报, 2016, 56(6):584-588.

[11] 黄逸飞,罗震,王证茗,等. 低合金钢深熔 TIG 水冷焊温度场数值模拟 [J]. 焊接学报,2017,38(11):103-107.

[12] 桂卫华,曾朝晖,陈晓方,等. 知识驱动的流程工业智能制造 [J]. 信息科学, 2020, 50(9):1345-1360.

[13] 陈兴怖,胡勇,黄朝炎,等. 复杂曲度船体外板展开算法研究 [J]. 中国机械工程,2020,31(8):931-936.